Henry David Thoreau
Wenn wir uns
von unseren Träumen leiten lassen

HENRY DAVID THOREAU

Wenn wir uns von unseren Träumen leiten lassen

Spitze Ungehorsamkeiten

marixklassiker

»Wenn die Seele sich mit der Natur
verbindet, erblüht die Phantasie und
trägt der Geist Früchte.«

Henry David Thoreau

INHALT

GELEITWORT

>»Um Thoreau zu verstehen, ist jeder
reich genug, der fähig ist, sich seines
Menschseins bewußt zu werden.«
>
> *Gerhard Gutherz*

Henry David Thoreau galt vielen seiner Zeitgenossen
als Sonderling: sein Aussehen, seine Ausstrahlung,
sein Verhalten, die Art mit seinen Mitmenschen
umzugehen. Er wählte für sich einen Lebensweg, der
keinem üblichen entsprach. Seine tiefe Naturverbun-
denheit, die Weigerung sich unkritisch den Gesetzen
des Staates zu beugen, seine Art zu leben mussten in
der damaligen Gesellschaft als unkonventionell und
nonkonformistisch angesehen werden.

Ebendies spiegelt sich in einem Notizbucheintrag
des Schriftstellers Nathaniel Hawthorne vom 1. Sep-
tember 1842 wider, in dem er die Eindrücke seiner
ersten Begegnung mit Henry David Thoreau notiert
hat: »Mr. Thoreau aß gestern mit uns zu Abend. Er ist
eine einzigartige Erscheinung – ein junger Mann, in
dem noch viel von der wilden, ursprünglichen Natur
zu finden ist; und soweit er über Kultiviertheit verfügt,

so ist sie von einer ganz eigenen Art und Weise. Er ist hässlich wie die Nacht – lange Nase, schiefer Mund – und legt ein ungeschliffen-rustikales, aber doch zuvorkommendes Betragen an den Tag, das gut mit seiner Erscheinung harmoniert. Aber seine Hässlichkeit ist von einer ehrlichen und liebenswürdigen Art, und steht ihm viel besser als Schönheit. Soweit ich weiß, hat er in Cambridge studiert und ist zuvor in derselben Stadt zur Schule gegangen; aber seit zwei oder drei Jahren lehnt er es ab, sich auf herkömmliche Weise seinen Lebensunterhalt zu verdienen und scheint dazu geneigt, eine Art Indianerleben unter zivilisierten Menschen führen zu wollen – mit Indianerleben meine ich das Fehlen jeglicher planmäßiger Bemühungen um ein Einkommen. Mr. Emerson unterhielt ihn einige Zeit als Mitbewohner, und als Gegenleistung verrichtete Thoreau Gartenarbeiten und andere Aufgaben, die ihm lagen.

Mr. Thoreau ist ein begeisterter und feinfühliger Beobachter der Natur – ein wahrhafter Beobachter – was, wie ich meine, genauso selten ist wie ein wahrhafter Poet; und die Natur scheint ihn zum Dank für die ihr entgegengebrachte Liebe als ihr sonderliches Kind adoptiert zu haben und weiht ihn in Geheimnisse ein, derer teilhaft zu werden sonst nur wenigen anderen erlaubt ist. Er ist vertraut mit Tieren, Fischen, Federvieh und Reptilien und hat einige merkwürdige Geschichten von Abenteuern und freundlichen Begegnungen mit diesen niederen sterblichen Brüdern auf Lager. Kräuter und Blumen, ob sie nun in Gärten oder in freier Natur wachsen, sind gleichermaßen seine Freunde. Er ist außerdem ein intimer Vertrauter der Wolken und kann die Vorzeichen eines Sturms deuten. Ein charakteristischer Zug seiner Persönlichkeit ist, dass er große Achtung für das Andenken der Indianerstämme hat, deren wildes Leben so gut zu ihm gepasst hätte; und sonderbarerweise läuft er selten über ein gepflügtes Feld, ohne dass er einen Pfeil, eine Speerspitze oder ein anderes Relikt der Indianer findet, so als ob ihre Geister ihn zum Erben ihres einfachen Reichtums auserkoren hätten.«

Wie Hawthorne andeutet, ließ sich der Sohn eines Bleistiftfabrikanten am Harvard College in Klassischer Philologie ausbilden und verdingte sich danach gelegentlich als Lehrer, Landvermesser oder Handwerker – aber nie länger als ein paar Wochen am Stück. So blieb ihm immer genug Zeit, um dem nachzugehen, was Thoreau längst als seinen wahren Beruf erkannt hatte: Das, »was die von keinem anderen Gedanken als dem nach Geld und gesellschaftlichen Ehren geplagte Welt mit Geringschätzung Nichtstun nennt, und das bei Menschen von inneren Entwicklungsmöglichkeiten in Wirklichkeit erst ernste Tätigkeit bedeutet. Dieses Nichts-Marktgängiges-Tun ist ganz allein der Boden, auf dem sich die wahrhaft bedeutenden Taten des Geistes entfalten. Er widmete sich jener Muße, die er dem verödenden Hasten und Jagen nach fiktiven Werten entgegenstellt. Er wird nicht müde, sie in den leuchtendsten Farben zu preisen und auf die ungeahnten Reichtümer hinzuweisen, die sie in ihrem Schoße birgt.« (Gutherz)

Henry David Thoreau war niemand, der mit dem Strom schwamm. Er ging seinen eigenen Ideen und Überzeugungen nach – und die verliefen abseits der rasant vorwärtsschreitenden Industrialisierung, des Konsumwahns und der Besitzanhäufung hin zu einem bewussten Leben im Einklang mit der Natur. Vor allem aber fand der Naturphilosoph, Bürgerrechtler und Schriftsteller, dass ein Denker nicht nur Theorien aufstellen und über sie reden, sondern diese auch praktisch anwenden und leben sollte. Thoreau machte dies vor, indem er sich mit 28 Jahren am 4. Juli 1845 aufmachte, um für zwei Jahre in den einfachsten Verhältnissen am Waldensee, in der Nähe seiner Geburtsstadt Concord zu leben. Er zog sich auf ein Waldgrundstück seines Freundes zurück, des Philosophen Ralph Waldo Emerson, um dort in einer selbstgebauten Hütte naturnah und weitestgehend ohne gesellschaftliche Zwänge zu leben – »ein Experiment«, wie er es nannte. Das Ergebnis war sein bekanntestes Werk *Walden* – ein Plädoyer für ein selbstbestimmtes Dasein und ein Leben im respektvollen Einklang mit der Natur.

Schon früh begann Thoreau seine Beobachtungen und Wahrnehmungen zu verschriftlichen, in Form von Tagebüchern, Essays, Artikeln – und im Falle von *Walden* in Form eines knapp 500-seitigen Berichts: Inspiration und gedanklicher Anstoß für viele Teilzeit-Aussteiger. Während seiner Zeit am Waldensee lebte Thoreau gemäß seiner wichtigsten Maxime – »Einfachheit« –, ohne Überfluss und Luxus, ohne die zahlreichen technischen Neuerungen, ohne aufwendig hergerichtete Mahlzeiten und andere Bequemlichkeiten – und findet sich zufrieden, ist Herr seiner selbst, jagt nichts hinterher, was keinen wahren Wert darstellt. Stundenlang kann er dasitzen und Pflanzen und Tiere beobachten. Nach kürzester Zeit lernt er die Vorgänge und Zyklen der Natur kennen und sich an ihrer natürlichen Schönheit zu erfreuen. Die Aufenthalte im Freien sind seine Inspirationsquelle: »Die Menschen schränken mich ein. Die Natur aber ist Freiheit« (Thoreau). Thoreau-Kenner Gerhard Gutherz schreibt dazu: »Der Boden, in dem Thoreaus Fühlen und Denken wurzelt, die Kuppel, die sich über seinen Tagebüchern wölbt – und was für die Tagebücher gilt, gilt im großen und ganzen für alle seine Schriften – ist die Natur. ›Natur‹ ist das Wort, das auf jeder Seite wiederkehrt, das immer und immer wieder an unser Ohr schlägt, kräftig betont und flüchtig vorübergleitend, in tausend Verbindungen […]. Obgleich er von ihr mit der größten

Zärtlichkeit spricht und in dem vollen Herzen, das für sie schlägt, Worte von so innigem Klang findet, daß neben seinem eines jeden anderen Hymnus und Preis auf sie wie dürre Rhetorik klappert, ist doch in seinen Ausdrücken nichts von knabenhafter Schwärmerei zu spüren. Seine Beziehung zur Natur ist die Liebe eines Mannes, der seine Liebe erwidert weiß. Er hat es nicht nötig, sich nach ihr zu sehnen, denn sie wohnt so selbstverständlich in ihm, wie er in ihr.« (Gutherz)

Thoreaus schillernde, aufmerksame Gedanken zur Natur sensibilisieren und entschleunigen. Sie treten unverstellt, aufrichtig und eindringlich aus seinem Innern aufs Papier und dem Leser vor Augen: »Die einzige Möglichkeit, wahr zu sprechen, ist: mit Liebe sprechen. Der Intellekt sollte nie sprechen; er bringt keinen natürlichen Ton hervor.« (Thoreau)

Thoreau hat die Gabe, »die drückende Welt des Alltäglichen in den Garten Eden zu verwandeln« und den Leser »für einen glücklichen Augenblick den Zauber der Wirklichkeit« wieder spüren zu lassen (Gutherz).

Seine Prämisse, die eigenen Überzeugungen nicht nur Theorie sein zu lassen, sondern ihnen im Handeln Folge zu leisten – denn seiner Ansicht nach müssen Leben und Gedanken eines Menschen eine Einheit bilden – setzte Thoreau auch in politischer Hinsicht um. Er weigerte sich, die Kopfsteuer zu zahlen, weil er sich nicht als Untertan des Staates sah, ihm keine Unterstützung zukommen lassen wollte und die ungerechte Art und Weise seines Operierens entschieden ablehnte. Er unterstützte 1859 öffentlich den Abolitionisten John Brown, der aufgrund seiner unerbittlichen Einsätze und Kämpfe für die Abschaffung der Sklaverei letztlich zum Tode verurteilt wurde. Er kritisierte den Konsumwahn, die sinnlose Fixierung auf Materielles, das unkritische, passive Unterstützen der Regierung, die Versklavung der Menschheit durch Arbeit. Thoreau wurde v. a. durch seine Schrift *Über die Pflicht zum Ungehorsam gegen den Staat* zum Vorreiter der gewaltfreien Proteste und Verfechter des zivilen Ungehorsams. Sein Denken beeinflusste den gewaltlosen Widerstand Mahatma Gandhis, die amerikanische Bürgerrechtsbewegung der 1960er-Jahre, die Hippie-Bewegung, das Aussteigertum und den Minimalismus. In seiner Gesellschaftskritik ist er bis heute vielzitiert und hochaktuell.

Obwohl Thoreaus Ideen solch immense Bedeutung und wertvolle Inspiration in sich tragen, fand sein Werk erst nach seinem Tod eine gebührende Anerkennung – *Walden* ist heute zum Klassiker avanciert und der Inhalt von Thoreaus Schriften zum festen Bestandteil des amerikanischen Gedankenguts geworden.

Der amerikanische Schriftsteller und Pädagoge Amos Bronson Alcott drückte 1859 in seinen

Journals seine Bewunderung für Thoreau und dessen bemerkenswerte Fähigkeiten aus: »Ich halte ihn für einen geborenen und genialen Naturalisten – wie ich sonst niemanden kannte –, der, auf seinen Instinkt vertrauend, sieht und urteilt. An Thoreau finde ich bemerkenswert, dass er die Dinge individuell und für sich erkennt, nie kollektiv oder als Gruppe, als ein Ganzes, so wie es ein Künstler tut. Die Natur existiert für ihn gesondert und individuell. Er theoretisiert nie; er sieht bloß und beschreibt; gewissermaßen mythologisch, mit einem ihm eigenen siebten Sinn, der ihm die Gedanken aus seiner Stirn springen und jede seiner Seiten eine Schöpfung werden lässt. Seine Fantasie ist immer die Ergänzung seines Verstandes und vollendet sogar die Natur in ihrer Bedeutung.« Und so muss man sich bei der Lektüre von Thoreaus Schriften vor Augen halten, dass er sich nie zum Ziel gesetzt hat, seine Anschauungen in starre Schemata zu pressen und zu definieren – Thoreau war kein Theoretiker. Seinen intuitiven Beschreibungen haftet immer der Hauch dessen an, was er gerade sah oder tat. Thoreau erreicht in seiner direkten und ehrlichen Art jeden. Denn was er zu Papier bringt, sind seine eigensten Empfindungen und Erlebnisse: »die Blüten eines Menschendaseins« (Gutherz).

Dies sollen die hier ausgewählten und zusammengetragenen Gedankensplitter, Aphorismen und

Aussprüche aus seinen *Tagebüchern*, Essays und *Walden* deutlich machen.

Henry David Thoreau hat sich von seinen Träumen leiten lassen und fordert seine Leser auf, dasselbe zu tun.

Anna Schloss

I.

WALDEN

Die meisten Menschen, selbst in unserm verhältnis-
mäßig freien Land, sind aus lauter Unwissenheit und
Irrtum so sehr durch die unnatürliche überflüssige,
grobe Arbeit für das Leben in Anspruch genommen,
daß seine feineren Früchte von ihnen nicht gepflückt
werden können.

*

Tatsächlich hat der arbeitende Mensch Tag für Tag
keine Muße zu einer wahren Integrität; er kann die
Zeit nicht aufbringen die menschlichsten Beziehungen zu den Menschen zu unterhalten; seine Arbeit
würde auf dem Markte im Werte sinken, er hat keine
Zeit etwas anderes zu sein als eine Maschine.

*

Die schönsten und feinsten Eigenschaften unserer
Natur können, wie der duftige Hauch, der auf den
Früchten liegt, nur durch die zarteste Behandlung
erhalten bleiben.

*

Die öffentliche Meinung ist, mit unserer eigenen Privatmeinung verglichen, ein schwächlicher Tyrann. Das, was der Mensch von sich denkt, das bestimmt sein Schicksal oder weißt ihm den Weg.

*

Als ob man die Zeit totschlagen könnte, ohne die Ewigkeit zu verletzen.

*

Die große Masse der Menschen führt ein Leben voll stiller Verzweiflung. Was man so Resignation nennt, ist bestätigte Verzweiflung.

*

Was heute jeder als wahr nachplappert oder stillschweigend passieren läßt, kann sich morgen als falsch erweisen, – bloßer Ansichtsdunst, den man für eine Wolke hielt, welche Wiesen und Felder mit fruchtbarem Regen erquicken würde.

*

Das Alter ist nicht besser, ja kaum so gut im stande zu lehren wie die Jugend, denn es hat nicht so viel gewonnen, als es verloren hat.

*

Könnte es ein größeres Wunder geben, als wenn es uns ermöglicht wäre, einen Augenblick mit den Augen der Andern zu sehen?

*

Wir übertreiben die Wichtigkeit von allem was wir tun, und wie viel geschieht doch ohne uns!

*

Um ein Philosoph zu sein, ist es nicht genug, ein tiefer Denker zu sein, nicht einmal Schule gemacht zu haben, sondern die Weisheit so zu lieben, daß man nach ihren Vorschriften lebt, ein Leben der Einfachheit, der Unabhängigkeit, der Großmut und des Vertrauens. Man muß einige der Lebensrätsel nicht theoretisch, sondern praktisch lösen.

*

Der Philosoph eilt seiner Zeit voraus, auch in seiner äußeren Lebensweise.

*

Doch bin ich überzeugt, daß man im allgemeinen mehr darauf besorgt ist, moderne oder wenigstens reine und ungeflickte Kleider zu besitzen, als ein reines Gewissen.

*

Im Lauf der Zeit treffen die Menschen nur das, wonach sie zielen. Darum täten sie, wenn sie es auch jetzt fehlen sollten, doch besser daran, nach etwas Hohem zu zielen.

*

Der Luxus der einen Klasse wird aufgehoben durch die Notdurft der anderen.

*

Unsere Erfindungen sind gewöhnlich hübsche Spielsachen, die unsere Aufmerksamkeit von ernsten Dingen ablenken.

*

Was die Pyramiden anbelangt, so ist an ihnen nichts so erstaunlich als die Tatsache, daß sich so viele Menschen fanden, die herabgekommen genug waren, um ihr Leben an die Erbauung eines Grabes für irgend einen ehrgeizigen Tölpel zu wenden, den in den Nil zu werfen und dessen Leichnam den Hunden zu überlassen, vernünftiger und männlicher gewesen wäre.

*

Nur möchte ich, daß jeder recht sorgfältig trachtete, seinen eigenen Weg zu finden, und nicht statt dessen den seines Vaters, seiner Mutter oder seines Nachbarn.

*

Kein Geruch ist so schlecht als der, welcher von fauler Güte aufsteigt. Es ist menschliches, göttliches Aas. Wüßte ich gewiß, daß jemand zu mir käme mit der bewußten Absicht mir eine Wohltat zu erweisen, ich würde davon laufen, so schnell mich meine Füße tragen würden, wie vor dem Samum, dem trockenen, sengenden Wind der afrikanischen Wüste, der Mund, Nase, Ohren und Augen mit Staub füllt, bis man erstickt, aus Angst er könnte mir etwas von seinem Virus mit meinem Blute vermischen.

*

Philantropie ist fast die einzige Tugend, welche genügend von den Menschen geschätzt wird. Sie wird sogar weit überschätzt; und zwar ist es unsre Selbstsucht, die sie überschätzt.

*

Ich will des Menschen Blume und Frucht. Es soll ein Wohlgeruch von ihm zu mir herüberwehen, eine Reife unserm Verkehr die Würze geben. Seine Güte muß nicht ein vorübergehendes Stückwerk sein, sondern ein beständiges Überfließen, das ihn nichts kostet und dessen er sich nicht bewußt ist. Das ist Liebe, die eine Menge von Sünden zudeckt.

*

Wir suchen uns gerne seltene, angenehme Stellen in einer entlegenen, himmlischeren Ecke des Weltsystems aus, hinter der Kassiopeia – allem Lärm, aller Störung entrückt.

*

Der Mensch, der nicht glaubt, daß jeder Morgen eine frühere, heiligere, heller im Morgenrot leuchtende Stunde umschließe, als alle, die er bis jetzt entweiht hat, der verzweifelt am Leben und geht auf dunklen Pfaden abwärts.

*

Alle denkwürdigen Ereignisse, möchte ich sagen, werden in Morgenstunden, in Morgenluft geboren.

*

Wachsein heißt leben. Noch nie habe ich einen Menschen getroffen, der ganz wach gewesen wäre.

*

Ich kenne keine erhebendere Tatsache als die zweifellose Fähigkeit des Menschen, sein Leben durch bewußte Anstrengung auf einen höheren Standpunkt zu erheben.

*

Auf die Beschaffenheit des Tages selbst einzuwirken, das ist die höchste aller Künste. Jeder Mensch hat die Aufgabe, das Leben, selbst in seinen Einzelheiten, der Betrachtung seiner höchsten und kritischsten Stunde würdig zu gestalten.

*

Ich wollte tief leben, alles Mark des Lebens aussaugen, so trutzig und spartanisch leben, daß alles, was nicht Leben war, in die Flucht geschlagen wurde, einen breiten Schwaden dicht am Boden mähen, das Leben in die Enge treiben und auf seinen äußersten Preis reduzieren, und wenn es sich gemein erwiese, seiner ganzen, wahren Niedrigkeit auf den Grund kommen und sie der Welt verkünden; war es aber erhaben, so wollte ich dies durch Erfahrung erkennen, und imstande sein, bei meinem nächsten Ausflug Rechenschaft darüber abzulegen.

*

Und unsere Nation selbst mit all ihren sogenannten inneren Verbesserungen, die übrigens alle äußerlich und oberflächlich sind, ist gerade solch ein schwerfälliges, veraltetes, mit altem Hausrat vollgepfropftes Institut, voller Schlingen und Fußangeln, ruiniert durch Luxus und leichtsinnige Ausgaben […].

*

Es wird zu schnell gelebt. Man glaubt, es sei zweifellos notwendig, daß die Nation Handel treibe, Eis exportiere, daß man durch den Telegraphen sprechen und dreißig Meilen in der Stunde fahren könne, ob man es nun tut oder nicht; ob wir aber wie Paviane oder wie Menschen leben sollen, ist nicht ganz so sicher.

*

Dem Philosophen sind alle Neuigkeiten Geschwätz, und die es herausgeben und lesen, sind alte Kaffeebasen.

*

Wenn die Menschen ruhig nur die Wirklichkeit beobachten und sich nicht blenden lassen wollten, so würde ihnen das Leben, um es mit etwas, das wir kennen, zu vergleichen, wie ein Feenmärchen, wie

Erzählungen aus »Tausendundeine Nacht« erscheinen.

*

Wenn wir nur das achten wollten, was unvermeidlich ist und ein Recht hat zu sein, so würden Musik und Poesie die Straßen entlang erklingen.

*

Wenn wir weise und nicht in Eile sind, so sehen wir, daß nur große und würdige Dinge eine permanente absolute Dauer haben, daß kleine Sorgen und kleine Freuden nur Schatten der Wirklichkeit sind.

*

Die Kinder, die das Leben spielen, erfassen seine wahren Gesetze und Beziehungen richtiger als die Erwachsenen, die nicht fertig bringen, es würdig zu leben, sich aber durch Erfahrung, das heißt das Fehlschlagen ihrer Pläne, für weiser halten.

*

Wir glauben, daß das ist, was zu sein scheint.

*

Laßt uns niedersetzen und durch den Schlamm und Kot der Meinungen, der Vorurteile, der Tradition, der Täuschung und des Scheines, der Anschwemmung, welche die Erdkugel bedeckt, durch Paris und London, durch New York, Boston und Concord, durch Kirche und Staat, durch Poesie, Philosophie und Religion hindurch unsere Füße wetzen und reiben, bis wir auf harten Boden und Felsen an einen Ort gelangen, den wir Wirklichkeit nennen und von dem wir sagen können: Das ist, das ist kein Irrtum.

*

Sei es Leben oder Tod, wir schmachten nur nach Wahrheit.

*

Die Zeit ist nur ein Fluß, in dem ich fischen will.

*

Der Geist ist ein Spaltkeil; er sucht und bahnt sich seinen Weg in das Geheimnis der Dinge.

*

Mein Kopf ist mir Hand und Fuß.

*

In der Anhäufung von Eigentum für uns und unsere Nachkommen, in der Gründung einer Familie oder eines Staates, selbst in dem Erwerben von Ruhm sind wir sterblich; aber im Forschen nach Wahrheit sind wir unsterblich, hier brauchen wir keine Wechselfälle des Schicksals, kein Unglück zu fürchten.

*

Bücher müssen mit soviel Überlegung und Behutsamkeit gelesen werden, als sie geschrieben wurden.

*

Bücher sind der aufgespeicherte Reichtum der Welt und ein schickliches Erbteil von Generationen und Völkern.

*

Wir verwenden fast auf jeden Artikel unserer Verpflegung oder Pflege mehr als auf unsere geistige Nahrung.

*

Der Strahlen, welche durch den Fensterladen dringen, wird sich niemand erinnern, wenn der ganze Laden aufgestoßen ist.

*

Folge deinem Genius so dicht als möglich auf den Fersen, so wird er nicht versäumen dir jede Stunde neue Aussichten zu eröffnen.

*

Jeder Pfad mit Ausnahme des deinigen ist der des Schicksals. So bleibe denn in deinem eigenen Geleise.

*

Ich fand, daß keine Anstrengung der Füße zwei Seelen einander viel näher brachte.

*

Die Aussicht aufzuwachen oder wieder lebendig zu werden, macht einem Toten alle Zeiten und Orte gleichgültig.

*

Das Denken kann uns bei gesunden Sinnen außerhalb unseres eigenen Selbst versetzen. Durch eine bewußte Anstrengung des Geistes können wir abseits stehen von Handlungen und ihren Folgen; alles, das Gute und das Böse, rauscht gleich einem Strom an uns vorüber.

*

Ich finde es gesund, die meiste Zeit allein zu sein.

*

In Gesellschaft selbst mit den Besten sein, wirkt bald ermüdend und zerstreuend. Ich bin unendlich gern allein.

*

Wir sind meistens einsamer, wenn wir hinausgehen unter die Menschen, als wenn wir in unserm Zimmer bleiben.

*

Gesellschaft ist für gewöhnlich zu billig zu haben. Wir treffen uns nach zu kurzen Zwischenräumen, als daß wir Zeit genug gehabt hätten, neuen Wert für einander zu erlangen.

*

Man braucht Platz für seine Gedanken, um sie zum Segeln zu bringen und ein paar Schwenkungen machen zu lassen, ehe sie auf den Hafen zuhalten.

*

Was den Verstand anbelangt, so fand ich, daß kein großer Unterschied zwischen denen, die ihn halb oder ganz besaßen, bestand.

*

Jedesmal so oft der Mensch aus dem Schlaf oder aus irgend einer Abstraktion erwacht, muß er die Himmelsrichtungen von neuem kennen lernen. Nicht eher als bis wir verloren sind, mit andern Worten, bis wir die Welt verloren haben, – fangen wir an, uns selbst zu finden und gewahr zu werden, wo wir sind, und wie endlos ausgedehnt unsere Verbindungen sind.

*

Aus Mangel an Mut und Vertrauen sind die Menschen dahin gelangt, wo sie jetzt sind, sie kaufen und verkaufen und verbringen ihr Leben gleich Leibeigenen.

*

Kein menschlich fühlendes Wesen, welches über das gedankenlose Knabenalter hinaus ist, wird mutwillig ein Geschöpf umbringen, das sein Leben ebenso zu Leben erhalten hat wie es selbst.

*

Der Widerwille gegen animalische Nahrung ist nicht das Resultat der Erfahrung, sondern ein Instinkt.

*

Ich bin überzeugt, daß der Mensch, dem es je einmal ein Anliegen war, seine höheren oder poetischen Anlagen auf ihrer höchsten Stufe zu erhalten, sehr

geneigt war, sich animalischer Kost und vieler Nahrung irgend welcher Art überhaupt zu enthalten.

*

Wenn der Tag und die Nacht sich so gestalten, daß wir
sie mit Wonne begrüßen, wenn das Leben einen Duft
aushaucht, wie von Blüten und würzigen Kräutern,
wenn es elastischer, sternenreicher, unsterblicher
wird – das ist unser Erfolg.

*

Unser ganzes Leben ist erstaunlich moralisch. Es gibt
darin keinen Moment lang Waffenstillstand zwischen
Tugend und Laster.

*

Wir sind alle Bildhauer und Maler und unser Mate-
rial ist unser eigen Fleisch, Blut und Knochengerüst.
Alles Edle fängt sofort an, die Züge eines Menschen
zu verfeinern, jede Gemeinheit und Sinnlichkeit sie
zu vertieren.

*

Meine Gedanken haben keine Spur zurückgelassen, und ich kann den Pfad nicht wieder finden.

*

Wir können von der Natur nie genug bekommen. Wir müssen durch den Anblick einer unerschöpflichen Kraft, großer titanenhafter Züge erfrischt werden, durch die Meeresküste mit ihren Wracks, die Wildnis mit ihren lebenden verfaulenden Bäumen, die Gewitterwolke, den Regen, der drei Wochen lang andauert und Überschwemmungen verursacht. Wir müssen sehen, wie unsere eigenen Grenzen überschritten werden, wie dort freies Leben weidet, wo wir selbst nie wandern.

*

Das Weltall ist weiter als unsere Ansichten darüber.

*

Willst du alle Sprachen sprechen und die Sitten aller Völker kennen lernen, willst du weiter reisen als je ein Reisender, willst du mit allen Himmelsstrichen vertraut sein und machen, daß die Sphinx ihr Haupt an einem Stein zerschmettert, so folge der Vorschrift des alten Philosophen: Kenne dich selbst.

*

Es ist merkwürdig, wie leicht und unmerklich wir in eine besondere Route geraten, und uns daraus einen ausgetretenen Pfad für uns machen.

*

Das eine wenigstens lernte ich durch mein Experiment: daß wenn jemand vertrauensvoll in der Richtung seiner Träume vorwärts schreitet und strebt, das Leben, das er sich einbildete zu leben, er Erfolge haben wird, von denen er sich in gewöhnlichen Stunden nichts träumen ließ. Er wird mancherlei hinter sich lassen, wird eine unsichtbare Grenze überschreiten; neue, allgemeine und weitere Gesetze werden sich um ihn und in ihm bilden; oder die alten werden ausgedehnt und zu seinen Gunsten in weiterem Sinne ausgelegt, und er wird mit der Freiheit einer höheren Ordnung von Wesenheiten leben.

*

Hast du Schlösser in die Luft gebaut, so braucht deine Arbeit nicht verloren sein, eben dort sollten sie sein. Jetzt lege den Grund darunter.

*

In Bezug auf die Zukunft oder das Mögliche sollten wir ganz schlaff und unbestimmt nach vorwärts leben, mit unsicheren verschwommenen Umrissen nach jener Seite, so wie unser Schatten nach der Sonne zu eine unmerkliche Perspiration verrät.

*

Den gesündesten Verstand hat der Mensch, der schläft, und er drückt ihn aus, indem er schnarcht.

*

Warum müssen wir uns so wahnsinnig beeilen, Erfolge zu erringen, und wozu stürzen wir uns in solch verzweifelte Unternehmungen? Wenn jemand mit seinen Gefährten nicht Schritt hält, so geschieht es vielleicht, weil er einen andern Trommler hört. Laßt ihn zu der Musik marschieren, die er hört, wie auch ihr Takt und wie fern sie selbst auch sei.

*

Es ist nicht wichtig, daß ein Mensch so schnell reif wird wie ein Apfelbaum oder eine Eiche.

*

Sage, was du zu sagen hast, nicht was du sagen solltest.

*

Verkaufe deine Kleider und behalte deine Gedanken.

*

Wie niedrig auch dein Leben sein mag, tritt ihm entgegen und lebe es; weich ihm nicht aus und gib ihm keine Schimpfnamen.

*

Die Dinge ändern sich nicht; wir ändern uns.

*

Am Knochen ist das Leben am wohlschmeckendsten.

*

Überflüssiger Reichtum kann nur Überflüssiges erkaufen.

*

Geld braucht man keines, um die Lebensbedürfnisse der Seele zu kaufen.

*

Der Tag ist ein kurzer Auszug des Jahres. Die Nacht ist der Winter, Morgen und Abend sind Frühling und Herbst, und der Mittag ist der Sommer.

*

Die Erde ist kein bloßes Fragment toter Geschichte, Stratum über Stratum gelagert, wie die Blätter eines Buches, das hauptsächlich von Geologen und Altertumsforschern studiert werden soll, sondern lebendige Poesie wie die Blätter eines Baumes, welche den Blüten und Früchten voraneilen, keine fossile Erde, sondern eine lebende Erde, im Vergleich zu deren großartigem, zentralen Leben alles animalische und vegetabilische Leben als bloßes Schmarotzertum erscheint.

*

Viele Wintererscheinungen bringen eine unaussprechliche Zartheit und zerbrechliche Zierlichkeit zum Ausdruck.

*

Gesegnet wären wir, wenn wir immer in der Gegenwart lebten, und alles, was uns befällt uns zum Vorteil gereichen ließen, wie das Gras, das den Einfluß des leichtesten Taues, der es befeuchtet, offenbart; wenn wir nicht unsere Zeit damit verbrauchten, die Nichtbenutzung vergangener Gelegenheiten wieder gut machen zu wollen, was wir unsre Pflicht erfüllen nennen.

*

Wir müssen einsehen, daß alles unglücklichen Zufällen unterworfen und wie wenig Aufhebens daraus zu machen ist. Den Eindruck, den der Weise davon erhält, ist der einer universellen Unschuld.

*

Sei für ganze Kontinente, für die Welten in dir selbst ein Kolumbus und eröffne neue Straßen, nicht für den Handel, sondern für die Gedanken.

*

Jeder Mensch ist der Herrscher eines Reiches, neben welchem das irdische Reich des Zaren nur ein vom Eis zurückgelassenes Häuflein Erde ist.

*

Stehe auf vor dem Frührot und gehe fröhlichen Mutes dem Kommenden entgegen. Laß dich vom Mittag an andern Seen finden und sei daheim, wo auch die Nacht dich überrasche, überall.

*

Genieße das Land, doch besitze es nicht.

*

Die Menschen kommen nur von dem nächsten Feld, von der nächsten Straße zahm und still am Abend nach Hause, wo noch das Haushaltecho spukt; ihr Leben siecht hin, weil es seinen eigenen Atem immer wieder atmet; ihr Schatten reicht am Morgen und Abend weiter, als ihre täglichen Schritte. Wir sollten von fern her, von Abenteuern, Gefahren und Entdeckungen allabendlich zurückkehren, mit neuer Erfahrung und neuem Charakter.

*

Wer den wahren Geschmack seiner Speise kennt, kann nie ein Vielfraß sein; wer es nicht tut, kann nichts anderes sein.

*

Manch unangenehmer Lärm wird in weiter Entfernung als Musik vernommen, eine stolze und doch gütige Satire auf die Gemeinheit unseres Lebens.

*

Wir sind uns eines Tieres in uns bewußt, das in dem Verhältnis wach ist, als unsere höhere Natur schlummert.

*

Abwechselnd feuert uns unsere Reinheit an und schmettert uns unsere Unreinheit zu Boden.

*

Alle Sinnlichkeit ist Eine, wenn sie auch viele Gestalten annimmt, und alle Reinheit ist Eine. Es ist gleich, ob der Mensch wollüstig ißt, trinkt, kohabitiert oder schläft. Das alles ist nur Eine Lust und wenn wir wissen wollen, wie sinnlich eine Person ist, so genügt es zuzusehen, wie sie eine dieser Handlungen ausführt.

*

Man braucht nur an einer anziehenden Stelle im Walde lang genug ruhig sitzen zu bleiben, damit alle seine Einwohner sich der Reihe nach vorstellen.

*

Wir sollten einander nie durch unsere Gemeinheit betrügen, beschimpfen und vertreiben, wenn ein Körnchen Güte und Wohlwollen zu finden ist.

*

Auf unsern alltäglichen Gängen steuern wir beständig, wenn auch unbewußt, gleich Lotsen mit Hilfe von wohlbekannten Leuchtfeuern und Vorgebirgen; gehen wir über unsern gewöhnlichen Kurs hinaus, so haben wir immer noch die Lage irgend eines benachbarten Vorsprunges im Sinn; und nicht eher als bis wir uns gar verirrt oder umgedreht haben, denn der Mensch braucht nur einmal in dieser Welt mit geschlossenen Augen herumgedreht zu werden, um verirrt zu sein, lernen wir die Weite und Fremdartigkeit der Natur schätzen.

*

Wohin aber ein Mann gehen mag, überall hin verfolgen ihn die Menschen, packen ihn mit den Klauen ihrer schmutzigen Einrichtungen und zwingen ihn, ihrer verzweifelten Oddfellowgesellschaft anzugehören.

*

Ich wurde niemals von irgend jemand belästigt, ausgenommen von Personen, die den Staat repräsentierten.

*

Ich bin überzeugt, daß wenn alle Menschen so einfach lebten wie damals ich, Diebstahl und Räuberei unbekannt wären. Diese kommen nur in Gemeinwesen vor, wo die Einen mehr als genügend, die Andern aber nicht genug haben.

*

Ein See ist der schönste und ausdrucksvollste Zug einer Landschaft. Er ist das Auge der Erde und wer hineinblickt, ermißt an ihm die Tiefe seiner eigenen Natur. Die Bäume dicht am Ufer, welche sein Wasser saugen und in ihm zerfließen, sind die schlanken Wimpern, die es umsäumen, und die waldigen Hügel und Felsen die Augenbrauen, die es überschatten.

*

Wie kann man erwarten, daß die Vögel singen, wenn ihre Haine gefällt werden?

*

Gebt mir die Armut, die sich des wahren Reichtums erfreut.

*

Der Mensch ist um so reicher, je mehr Dinge er liegen lassen kann.

*

Ich möchte aber meinen Mitmenschen ein für allemal raten, so lang als möglich ungebunden und unbelastet zu bleiben. Es macht nur wenig Unterschied, ob man auf seinem Gut sitzt oder im Gefängnis.

*

Der Morgen, die wunderbarste Zeit des Tages, ist die Stunde des Erwachens. Jetzt ist am wenigsten Schlafsucht in uns, und eine Stunde lang wenigstens sind Kräfte in uns wach, die den ganzen übrigen Tag und die Nacht durch im Schlummer liegen.

*

Nach einem Stillstand seines Sinnenlebens fühlt sich die Seele des Menschen oder vielmehr ihre Organe fühlen sich täglich neu gekräftigt, und sein Genius versucht aufs Neue, ob er das Leben edel zu gestalten vermöge.

*

Für den, dessen elastische, rüstige Gedanken mit der Sonne Schritt halten, ist der Tag ein beständiger Morgen. Es kommt nicht darauf an, was die Uhr oder das Tun und Treiben der Menschen sagt. Morgen ist, wenn ich aufwache und der Tag in mir emporsteigt.

*

Die Million ist wach genug zu wirksamer, geistiger Anstrengung, nur einer unter hundert Millionen zu einem poetischen, göttlichen Leben.

*

Wir müssen lernen, wieder wach zu werden und uns wach zu erhalten, nicht durch mechanische Mittel, sondern durch das unaufhörliche Erwarten des Tagesanbruchs, welches uns nicht verlassen darf im tiefsten Schlaf.

*

Einfachheit, Einfachheit, Einfachheit!

*

Ich zog in den Wald, weil ich den Wunsch hatte, mit
Überlegung zu leben, dem eigentlichen, wirklichen
Leben näher zu treten, zu sehen, ob ich nicht lernen
konnte, was es zu lehren hatte, damit ich nicht, wenn
es zum Sterben ginge, einsehen müßte, daß ich nicht
gelebt hatte.

*

Laß deine Geschäfte zwei oder drei sein, sage ich dir,
und nicht hundert oder tausend; statt eine Million zu
zählen, zähle ein halbes Dutzend und führe Buch auf
deinem Daumennagel.

*

Warum sollen wir in solcher Eile, solcher Verschwen-
dung leben?

*

Was die Arbeit betrifft, so haben wir keine von irgend
welcher Bedeutung.

*

Blendwerk und Betrug werden als unerschütterliche Wahrheit angesehen, während die Wirklichkeit eine Fabel ist.

*

Wir sind überhaupt nur dann im stande, alles was edel und erhaben ist, in uns aufzufassen, wenn wir stets die uns umgebende Wirklichkeit in uns aufnehmen, uns von ihr ganz durchdringen lassen.

*

So laßt uns also unser Leben begreifend verbringen.

*

Laßt uns unsern Tag mit so viel Überlegung verleben, wie die Natur und nicht von jeder Nußschale, jedem Moskitoflügel, der auf unsern Pfad fällt, davon abgebracht werden.

*

Gut lesen – das heißt wahre Bücher in wahrem Geiste lesen, ist eine edle Beschäftigung; sie wird dem Leser schwerere Aufgaben stellen als irgend eine Übung, welche die Sitte des Tages hochhält.

*

Ein geschriebenes Wort ist die köstlichste Reliquie. Es ist mehr als ein anderes Kunstwerk etwas uns selbst innerlich und zugleich der ganzen Welt Angehörendes.

*

Lies dein Schicksal, sieh was vor dir liegt, und schreite vorwärts in die Zukunft.

*

Es ist wahr, der Mensch muß in sich selbst den Antrieb finden. Der natürliche Tag ist ruhig genug; er wird ihm kaum ob seiner Trägheit Vorwürfe machen.

II.

Über die Pflicht zum Ungehorsam gegen den Staat

Die stehende Armee ist nur ein Arm der ständigen Regierung. Eine Regierung ist nur die Form, die das Volk gewählt hat, um seinen Willen auszuführen. Aber genau wie die Armee ist sie anfällig dafür, missbraucht und zweckentfremdet zu werden, bevor das Volk durch sie handeln kann.

*

Diese amerikanische Regierung – ist sie nicht nur eine Tradition, die versucht, sich unbeeinträchtigt an die kommenden Generationen weiterzugeben, dabei aber jedes Mal ein Stück ihrer Redlichkeit verliert? Sie hat nicht die Dynamik und Kraft eines einzigen Mannes, denn ein einziger Mann kann sie seinem Willen unterwerfen. Sie ist dem Volk ein defektes und unzuverlässiges Werkzeug.

*

Regierungen zeigen, wie erfolgreich Menschen eingeschränkt werden können und sich sogar freiwillig Beschränkungen auflegen, wenn es ihrem Vorteil dient.

*

Regierungen sind Einrichtungen, in deren Gegenwart Menschen dazu neigen, sich voneinander abzuwenden.

*

Wenn die Regierung am notwendigsten wäre, sind die Regierten am meisten allein gelassen.

*

Ich glaube, wir sollten zuerst Menschen sein, und dann erst Untertanen.

*

Die einzige Verpflichtung, die zu befolgen ich auch ein Recht habe, ist jederzeit das zu tun, was ich für recht halte.

*

Gehe zu einem Militärstützpunkt und schaue dir einen Soldaten an; einen Mann, wie ihn die amerikanische Regierung machen kann, oder was sie aus ihm machen kann mit ihren schwarzen Künsten, – ein bloßer Schatten, nur noch eine Erinnerung an einen Menschen. Ein Mann, lebendig hingebettet und doch noch stehend.

*

Es sind neunhundertneunundneunzig Befürworter der Tugend auf einen tugendhaften Mann.

*

Alle demokratischen Wahlen sind eine Art Spiel, wie Dame oder Backgammon, mit einem Hauch von Moral in sich, ein Spiel mit Recht und Unrecht. Ihr natürlicher Begleiter ist das Wetten. Der Charakter des Wählers ist nicht gefordert.

*

Der Amerikaner ist zu einem alten Kauz geworden, der für seinen Sinn für Geselligkeit bekannt ist, dem es aber an Intellekt und frohgemuter Selbstbehauptung fehlt.

*

Menschen, die den Charakter und die Maßnahmen einer Regierung missbilligen, ihr aber dennoch Gefolgschaft leisten, sind unzweifelhaft ihre gewissenhaftesten Unterstützer und somit oft die größten Hindernisse einer Reform.

*

Aber wenn das Übel solcher Natur ist, dass es dich zum Arm der Ungerechtigkeit deinem Nächsten gegenüber macht, dann sage ich: Brich das Gesetz! Lass dein Leben ein Gegengewicht sein, um die Maschine zu stoppen. Ich muss sicherstellen, dass ich mich selbst nicht zu dem Unrecht hingebe, das ich verdamme.

*

Denn es ist nicht wichtig, wie klein der Anfang zu sein scheint: Was einmal gut getan wurde, ist für die Ewigkeit getan.

*

Unter einer Regierung, die Menschen zu Unrecht einsperrt, ist der wahre Platz für einen gerechten Mann ebenso das Gefängnis.

*

Gib deine ganze Stimme, nicht nur ein Stück Papier, sondern deinen ganzen Einfluss! Eine Minderheit ist kraftlos, wenn sie sich der Mehrheit anpasst; sie ist dann nicht einmal eine Minderheit. Aber sie ist unwiderstehlich, wenn sie sich mit ihrem ganzen Gewicht einbringt.

*

Grundsätzlich gesprochen: Je mehr Geld, desto weniger Tugend; denn das Geld tritt zwischen den Mann und seine Ziele und erwirbt sie für ihn, und es war sicherlich keine große Tugend, das Geld zu erlangen. Geld beschwichtigt viele Fragen, die andernfalls Antworten verlangten, während die einzige neue Frage, die es aufwirft, die so schwere wie überflüssige Frage ist, wie es ausgegeben werden soll. Auf diese Weise wird dem Reichen der moralische Boden unter seinen Füßen entzogen. Die Möglichkeiten des Lebens werden umso kleiner, je größer die sogenannten finanziellen Möglichkeiten werden. Das Beste, was ein reicher Mann für sein Wesen tun kann, ist danach zu streben, die Lebenseinstellungen zu entfalten, die er hatte, als er arm war.

*

Der Staat ist nicht mit überlegener Weisheit oder Redlichkeit ausgerüstet, er besitzt nur überlegene physische Stärke.

*

Ich bin nicht geboren, um mich zwingen zu lassen. Ich will nach meiner eigenen Art atmen.

*

Es wird nie einen wahrhaft freien und aufgeklärten Staat geben, bis der Staat den Einzelnen als höhere und unabhängige Kraft anerkennt, von dem aus sich seine eigene Kraft und Autorität ableitet, und ihn entsprechend behandelt.

III.

TAGEBÜCHER
UND ESSAYS

Die Natur und der Genius im Menschen

Meine Dornen und Glätten sind ebenso Eigenschaften eurer Hand, wie meine Eigenschaften. Ich kann nicht sagen, was ich bin; nicht mehr als ein Sommersonnenstrahl. Was ich bin, das bin ich und spreche es nicht. Sein ist der große Erklärer. Soll ich mit dem Versuch zu erklären alle Stacheln wegbrechen, bis keine Distel übrig bleibt, sondern ein Strunk?

*

Mein Gedanke ist ein Teil von der Bedeutung der Welt, und also gebrauche ich einen Teil der Welt als Symbol, um meine Gedanken auszudrücken.

(Tagebücher)

*

Ich will ein Wort für die Natur einlegen, für vollkommene Freiheit und Wildheit im Gegensatz zu bloß bürgerlicher Freiheit und zu Kultur; ich will den Menschen als Bewohner oder Stück und Teil der Natur betrachten und nicht als Glied der Gesellschaft. Ich will meine Darlegungen auf die Spitze treiben, wenn es mir nur gelingt, ihnen damit genügend Nachdruck zu verleihen; denn die Zivilisation findet Streiter genug: der Geistliche und der Schulrat und jeder von euch wird sich ihrer annehmen.

(Ausflüge)

*

Wer gewissenhaft als Beobachter auszieht, bringt keine Kunde von der Natur; aber dem, der von Leben strotzt, stürmt sie entgegen, um sich zu offenbaren. Dem vollen Herzen ist sie alles eher als eine Redensart.

(Tagebücher)

*

Die Gesetze, nach welchen die Welt entstand und die Weltsysteme kreisen, sind in einem Bächlein geschmolzenen Schnees in voller Wirksamkeit zu sehen.

(Tagebücher)

*

Warum schafft das Stöhnen des Sturmes Genuß? Wohl deshalb, weil es die Alltäglichkeit unseres Schön-Wetter-Lebens vertreibt und diesem wenigstens ein tragisches Interesse verleiht. Dieser Laut wirkt wie ein erfreuender Weckruf, der unsere Energie zum Widerstand gegen Eindringlinge in den Bereich unseres Lebens auffordert. Er ist Musik und durchbebt uns wie des Feindes Horn.

(Tagebücher)

*

Lasset uns den Einklang unseres Lebens mit dem Leben der Natur andächtig bewahren und bewachen. Hitze und Kälte, Tag und Nacht, Sonne, Mond und Sterne, was wären sie uns sonst? Geschah es nicht aus Übereinstimmung mit dem gegenwärtigen Leben der Natur, daß wir gerade zu dieser Zeit geboren wurden und nicht zu einer anderen? Mein Leben gehört der Gegenwart so innerlich an, wie das der Weide im Frühling. Jetzt erblühen ihre Kätzchen, jetzt blinkt ihre gelbliche Rinde, jetzt steigt ihr Saft, jetzt oder nie müßt ihr Pfeifen scheiden. Laßt den Tag euch Helfer sein, den Tag und die Nacht.

(Tagebücher)

*

Obgleich die Gesetze der Natur unveränderlicher sind als die irgend eines Despoten, erscheinen sie doch selten starr, sondern gewähren manche Freiheiten an schönen Sommertagen. Wir werden nicht oft und nicht rau an das erinnert, was wir nicht tun dürfen. Ich wundere mich oft darüber, wie lange manche Leute, denen ich auf der breiten Heerstraße begegne, ihr Leben in offensichtlicher Übertretung der Naturgesetze zu behaupten vermögen. Die Natur versagt ihnen nicht den Unterstand und läßt sie nicht ohne Priester sterben. Zugleich frohlockt sie immerzu, denn sind sie nicht der eine Teil von ihr, so sind sie eben der andere.

(Tagebücher)

*

Natur ist immer mythisch und mystisch und arbeitet mit der Willkür und Überschwenglichkeit des Genies. Sie hat ihren schwülstigen und überladenen Stil so gut wie die Kunst. Wenn sie das Trinkgefäß eines Wanderers gestalten will, so gibt sie dem Ganzen: dem Stängel, der Schale, dem Henkel und der Nase, eine ganz phantastische Form, als sollte der Wagen einer sagenhaften Meergottheit, eines Nereus oder Triton, daraus werden.

(Ausflüge)

*

Natur ist höhere und vollkommenere Kunst, die Kunst
Gottes; auf sich selbst bezogen ist sie jedoch Genie. Sie
hat sich vervollkommnet durch Übung von Ewigkeit
her.

(Eine Woche)

*

Wir haben Ursache, für die Erscheinungen am
Himmel dankbar zu sein, weil sie vor allen anderen
unsern Idealen entsprechen. Die Sterne sind fern
und unaufdringlich, aber leuchtend und unwan-
delbar wie unsere liebsten und denkwürdigsten
Erlebnisse.

(Tagebücher)

*

Die wundervollste Szenerie hört auf erhaben zu sein,
sobald sie deutlich wird; mit anderen Worten: sobald
sie Grenzen zeigt und die Phantasie nicht mehr zur
Übertreibung anregt. Die tatsächliche Höhe und
Breite eines Berges oder eines Wasserfalles ist immer
lächerlich gering; nur was wir in der Phantasie sehen,
befriedigt uns. Die Natur ist nicht so beschaffen, wie
wir sie haben möchten. Wir übertreiben liebevoll

ihre Wunder, wie wir die heimatliche Landschaft überschätzen.

(Eine Woche)

*

In der ganz wilden Natur liegt nicht nur das Rohmaterial für die höchste Kultur und gewissermaßen die Vorwegnahme ihrer letzten Ergebnisse, sondern auch schon eine größere Verfeinerung, als sie je durch Menschenhand erreicht werden kann. Die Natur ist immer bereit, das herrlichste Werk menschlicher Kunst in ihrem Bereich willkommen zu heißen, denn sie selbst ist ein Kunstwerk von solcher Vollendung, daß der Künstler nie in seinem Werk erscheint.

(Eine Woche)

*

Ich empfinde es bei einem Vortrag als größeren Erfolg, auf nicht kultivierte Naturen zu wirken, als auf die höchst verfeinerten, denn alle Bildung ist notwendig oberflächlich, und ob ihre Wurzeln nach dem Zentrum des Daseins gerichtet sind, ist nicht gewiß.

(Tagebücher)

*

Ich sehe eine glühend rote Wolke am Horizont. Ihr sagt: es ist eine Dunstmasse, die alle Strahlen aufsaugt und nur die roten zurückwirft. Aber das hat nichts mit der Sache zu tun, denn diese Vision von Rot regt mich auf, bringt mein Blut in Wallung, meine Gedanken in Fluß und erweckt unbeschreibliche, neue Gebilde in meiner Phantasie. Das Geheimnis dieser Wirkung habt ihr nicht berührt; wenn in eurer Erklärung nichts Mystisches liegt, so ist sie vollkommen unzulänglich.

(Tagebücher)

*

Im Mondenlicht ist alles einfach. Es bleiben so wenige Gegenstände übrig, daß wir unsern Geist aufrichten können und uns selbst. Alle Ablenkung fällt weg. Es ist einfach Wasser und Brot. Es ist einfach wie die Anfangsgründe einer Kunst, in der wir vor Anbruch des Tages unterwiesen werden, – vielleicht, um uns auf ihn vorzubereiten.

(Tagebücher)

*

Es gibt Gedanken fürs Freie und Gedanken fürs Haus. Meine Gedanken sollen wie die wilden Äpfel eine Kost sein für Wanderer; ich stehe nicht gut dafür, daß sie im Hause genossen wohlschmeckend sind.

(Ausflüge)

*

Der Steinmetz poliert nur den Zierrat für den Kaminsims; aber die Pyramiden sind roh behauen. In einem rauen Äußeren, in unbearbeitetem Granit liegt ein Ernst, der zu Tiefen in uns spricht; eine glatte Oberfläche aber wirkt nur auf unseren Augapfel.

(Tagebücher)

*

Wenn ich aus dem Hause trete, um spazieren zu gehen, und die Entscheidung, wohin ich die Schritte lenken will, meinem inneren Trieb überlasse, so finde ich – es mag absonderlich und grillenhaft erscheinen –, daß ich schließlich unfehlbar gegen Südwest aufbreche, nach einem Wald oder einer Wiese, nach einer verlassenen Halde oder einem Hügel, die in dieser Richtung liegen. Meine Nadel schwankt wohl eine Weile hin und her, weicht auch um etliche Grade ab und zeigt nicht immer rein nach Südwesten, aber zwischen West und Südsüdwest setzt sie sich sicherlich fest. Dortzu liegt für mich die Zukunft, dort erscheint mir die Erde weniger erschöpft und noch reicher. Nach Osten gehe ich nur gezwungen, nach Westen freiwillig.

Ich würde diese Tatsache nicht weiter betonen, wenn ich nicht glaubte, daß eine ähnliche Tendenz bei meinen Landsleuten vorherrscht. Meine Wanderung führt mich nach Oregon, nicht nach Europa, und denselben Weg wandert die Nation; ja, es läßt sich sogar behaupten, daß die Menschheit von Osten nach Westen fortschreitet. – Ostwärts gehen wir den zurückgelegten Weg der Rasse nach, um uns die Geschichte zu vergegenwärtigen und um die Werke der Kunst und Literatur zu studieren; westwärts gehen wir gleichsam in die Zukunft hinein, belebt von Unternehmungsgeist und Abenteuerlust.

(Ausflüge)

*

Der Westen, von dem ich spreche, ist nur ein anderes Wort für das Wilde, und die Behauptung, die ich vorbereiten wollte, ist diese: daß in der Wildheit die Erhaltung der Welt liegt. Ich glaube an den Wald und an das Feld und an die Nacht, in der der Mais wächst.

(Ausflüge)

*

Leben besteht nur zusammen mit Wildheit. Das leben-
digste Leben ist das wildeste. Mit seiner Gegenwart
erfrischt es den Menschen, weil es ihm noch nicht
untertan ist. Wer unaufhörlich vorwärtsdrängte und
nie von seinen Arbeiten ruhte, wer rasch weiterkäme
und unbegrenzte Anforderungen an das Leben stellte,
der wäre immer in einem Neuland, immer in einer
Wildnis, immer umgeben von dem Rohmaterial des
Lebens. Er würde über die hingestreckten Stämme
der Urwaldbäume klettern.

(Ausflüge)

*

Wir dürfen nicht erwarten, das Allerheiligste irgend
eines Lebens, des tierischen oder des pflanzlichen,
mit den Fingern greifen zu können. Wenn wir es
tun, so finden wir wieder nichts als Oberfläche. Die
bedeutungvollste Kundgebung, die Frucht jedes er-
schaffenen Dinges liegt in einer feinen Ausstrahlung,
die allein das liebende und reine Herz und nur in
ehrerbietiger Entfernung von der Oberfläche wahr-
nimmt.

(Tagebücher)

*

Ich glaube, der Gelehrte (und mit ihm die Mehrzahl der Menschen) irrt mit der Annahme, daß wir einem eindrucksvollen Naturphänomen unsere Aufmerksamkeit in der Art zuwenden, als wäre es etwas von uns ganz Unabhängiges, und nicht so, wie es mit uns in Beziehung steht. Die Hauptsache ist gerade, wie es auf mich wirkt. Der Gelehrte meint, ich habe an einem Regenbogen nichts anderes zu sehen, als was mir seine Definition darüber gibt. Mir ist es aber ganz gleichgültig, ob die Erscheinung, die ich sehe, ein wacher Gedanke ist oder die Erinnerung an einen Traum, ob sie sich auf hellem oder auf dunklem Grunde abhebt. Das Subjekt der Erscheinung, ihre Wahrheit allein ist's, was mich angeht. Der Philosoph, für den der Regenbogen wegerklärt werden kann, hat ihn nie gesehen.

(Tagebücher)

*

Die Natur muß vom Gesichtspunkt des Menschen aus betrachtet werden, wenn sie überhaupt betrachtet werden soll; das heißt, ihre Erscheinungen müssen mit Regungen des menschlichen Gemüts in Zusammenhang gebracht werden, wie sie zum Beispiel mit dem Boden der Heimat verknüpft sind. Einem Liebenden hat sie unendlich viel zu sagen; wenn ich aber keinen Freund habe, was ist mir Natur? Sie hört auf, eine sittliche Bedeutung zu haben.

(Tagebücher)

*

Es genügt, das unscheinbarste Ereignis, das bestbekannte Phänomen um eines Haares Breite abseits von dem altgewohnten Standpunkt zu betrachten, und sogleich wird uns seine Schönheit überströmen und entzücken. Nur was wir gegriffen und abgenützt haben, ist trivial: unser Schorf, unsere Wiederholungen, Traditionen und Gleichförmigkeiten. Die Zeit der Wunder kehrt immer wieder; jetzt sind's wilde Äpfel, jetzt Spiegelungen im Fluß und jetzt ein Flug kleiner Leinfinken. Schönheit und Musik sind nicht Besonderheiten und Ausnahmen, sondern die Regel und der innewohnende Charakter.

(Tagebücher)

*

Die Dinge sind nicht so sehr deshalb vor unseren Blicken verborgen, weil sie außerhalb unseres Sehfeldes liegen, als vielmehr darum, weil wir Sinn und Auge nicht auf sie zu richten verstehen; denn in dem Auge selbst liegt keine Sehkraft, nicht mehr als in irgend einer anderen Gallertmasse. Wir machen uns nicht klar, wie ferne und umfassend oder wie nahe und begrenzt wir zu schauen haben. Die meisten Naturerscheinungen bleiben uns daher unser ganzes Leben lang verborgen. Der Gärtner sieht nur den Garten des Gärtners. Auch hier entspricht das Angebot der Nachfrage, wie in der Nationalökonomie. Die Natur wirft keine Perlen vor die Säue. In einer Landschaft ist genau so viel Schönheit für uns sichtbar, als wir zu würdigen verstehen – und kein Atom mehr.

(Ausflüge)

*

Ich rede zu gar keiner Intelligenz in der Natur, sondern ich denke mir irgendwo ein unendliches Herz, in das hinein ich spiele.

(Tagebücher)

*

Sieh, welch ein Leben uns die Götter gegeben haben, umsäumt von Schmerz und Lust! Es ist zu seltsam für Trübsal, zu seltsam für Freude. Einmal erscheint es so seicht und auch so verworren, wie ein kretisches Labyrinth; und dann wieder ist es eine weglose Tiefe. Ich verlange unaufhörlich nach Brot, damit mein

Leben mich aufrecht erhalte so wie Speise meinen Körper. Keiner weiß, in welcher Stunde sein Leben beginnen mag.

(Tagebücher)

*

Die Leute schwätzen über die Wunder in der Bibel, weil es kein Wunder in ihrem Leben gibt. Hört auf, diese Rinde zu benagen! Es hängt reife Frucht über euren Häuptern.

(Tagebücher)

*

Wenn man bei einem Spaziergang schon glaubt, er sei fruchtlos und mißlungen, wenn man sich nur mit Mühe überreden kann nicht umzukehren, so steht man vor dem Augenblick des Erfolges, denn dann ist man in jener ergebenen und demütigen Stimmung, der die Natur sich zu erschließen nie verfehlt.

(Tagebücher)

*

Mein Geschäft besteht darin, aus der Natur jede Nahrung zu gewinnen, die sie mir liefern kann,

bei Gefahr endloser Wiederholung. Ich melke den
Himmel und die Erde.

(Tagebücher)

*

Ich finde, daß die Ereignisse der Aktualität, ungeach-
tet des besonderen Platzes, den wir ihnen einräumen,
weit weniger wirklich sind, als die Geschöpfe meiner
Phantasie. Alles, was wir gemeinhin Leben und Tod
nennen, ist nur ein bedeutungsloser Schatten und
berührt mich weniger als mein Traumleben. Unsere
Gedanken sind die Epochen in unserem Leben: alles
andere ist nur wie das Tagebuch des Windes, der blies,
während wir gerade da waren.

(Briefe)

*

Eines Nachmittags, da ich so durch den Wald schlen-
dere, flitzt der Schatten eines Gedankenflügels durch
die Landschaft meines Geistes und bringt mir in Erinnerung, wie wenig ereignisreich unser Leben ist.
Was waren sie, alle diese Kriege und Kriegsgerüchte,
diese modernen Entdeckungen und sogenannten
Fortschritte? Nichts als eine Reizung der Oberhaut.
Aber dieser Schatten, der so rasch vorübergehuscht
war und dessen Substanz unentdeckt ist, gibt mir

zu verstehen, daß es Ereignisse von Bedeutung gibt,
zwischen denen für uns die Perioden der wahren
Geschichte liegen.

(Tagebücher)

*

Alle Ereignisse, die die Annalen der Völker bilden,
sind nur die Schattenbilder unserer eigenen Erfahrungen, eine unvollkommenere Erinnerung an eigene
Erlebnisse. Überlieferung bedeutet eine losere und
blassere Erinnerung.

(Eine Woche)

*

Die Welt ist nur Leinwand für unsere Vorstellungen.
Ich sehe die Menschen rastlos bestrebt und bemüht, die
Fähigkeiten ihres Geistes zum Nutzen ihrer Leiblich-
keit anzuwenden; ich aber möchte diese Fähigkeiten
– was nicht weniger mühevoll ist – für meine Ideenwelt
verwerten, in der sicheren Überzeugung, daß es über
den Bedürfnissen des Körpers und unabhängig von
ihm ein geistiges Leben gibt. Oft wird der Körper
erwärmt, während die Phantasie erstarrt bleibt; der
Körper ist wohlgenährt, aber die Phantasie ist dürr
und verschrumpft. Was helfen alle anderen Güter, wenn
dieses eine fehlt? »Die Phantasie ist für den Geist die

Luft«, in der er lebt und atmet. Alle Dinge sind so wie ich bin; wozu brauche ich die Wechselstube? Die Vergangenheit ist nur in dem Grade heroisch, in dem wir sie heroisch sehen. Sie ist die Leinwand, auf die unsere Vorstellung von Heroismus gemalt wird; daher ist sie auch in gewissem Sinne der dämmerige Ausblick in unsere Zukunft. Die Verhältnisse, in denen wir stehen, entsprechen den Erwartungen, die wir hegen, und den Forderungen unserer Natur.

(Eine Woche)

*

Es ist ganz wunderbar, wie wir in unserem Leben fortwährend bis in die geringsten Alltäglichkeiten auf das Übernatürliche hingewiesen werden. Wenn ein Porträt gemalt wird, so ist nicht das Urteil der Frau über ihren Gatten, nicht des Gatten Urteil über seine Frau, noch ihrer beider Urteil über den Künstler, überhaupt kein Urteil von Menschen über Menschen endgültig und hinreichend. Der Mensch ist niemals der entscheidende Richter über eine Handlung, und wäre sie so minderwertig wie etwa Holzspalten. Die Königin und die Zofe, der König und der Söldner, der Indianer und der Sklave, sie alle appellieren an Gott.

(Tagebücher)

*

Wir sollten Geschichte ebensowenig kritisch lesen als wir eine Landschaft kritisch betrachten; wir sollten unser Interesse den verschiedenen atmosphärischen Farben- und Lichtschattierungen, die der zeitliche Abstand hervorruft, in höherem Maße zuwenden, als dem Grundriß und Aufbau. Geschichte ist der Morgen, der Abend geworden ist und jetzt im Westen steht; die gleiche Sonne in neuer Beleuchtung und Farbe. Ihre Schönheit gleicht der des Sonnenuntergangs. Sie ist kein Freskogemälde, mit scharfen Konturen flach auf eine Wand gemalt, sondern sie schweift im Luftraum frei umher. Und wirklich, die Geschichte wandelt sich, wie das Landschaftsbild vom Morgen zum Abend. Von Wichtigkeit an ihr ist ihr Duft und ihre Farbe. Die Zeit hält keine Schätze verborgen; was wir von ihr fordern, ist nicht ihr Damals, sondern ihr Jetzt.

(Eine Woche)

*

Der Mensch nimmt nur das auf, was er aufzunehmen bereit ist, sei es physisch, geistig oder moralisch, wie die Tiere ihre Art nur zu gewissen Jahreszeiten empfangen. Wir hören und verstehen nur, was wir schon halb wissen. Jeder folgt durchs Leben nur seiner eigenen Fährte.

(Tagebücher)

*

Übertreibung! Wurde jemals einem Manne eine Tugend zugeschrieben ohne Übertreibung? ein Laster ohne ungeheure Übertreibung? Übertreiben wir uns nicht selbst vor uns selbst, oder gestehen wir uns etwa ein, was wir wirklich sind? Sind wir nicht alle große Männer? Aber was sind wir, wovon sich tatsächlich reden ließe? Wir leben nur durch Übertreibung. Mehr erhoffen als genießen, ist das etwas anderes? Der Blitz ist eine Übertreibung des Lichts, Geschichte in Übertreibung wird Poesie, wird Wahrheit, die ein neues Maß verlangt. Wer zu übertreiben nicht versteht, ist nicht danach beschaffen, die Wahrheit zu sprechen. Ohne solchen Nachdruck, der die Existenz jeder anderen Wahrheit zur selben Zeit auszuschließen schien, wurde nach meiner Meinung niemals eine Wahrheit vorgebracht. Und überdies: zu Harthörigen muß man laut sprechen und nimmt dadurch die Gewohnheit an, auch dann zu schreien, wenn's nicht nötig wäre.

(Vermischte Schriften)

*

Diese Welt ist ein Geschäftsplatz. Welches endlose Jagen! Das Dröhnen der Lokomotive weckt mich fast jede Nacht und reißt mich aus meinen Träumen. Es gibt keinen Feiertag, und doch wäre es köstlich, die Menschen wenigstens einmal müßig zu sehen. Aber alles ist Arbeit, Arbeit und wieder Arbeit. Ich finde, daß nichts, nicht einmal das Verbrechen, der Poesie, der Philosophie, ja dem Leben selbst so entgegengesetzt ist, wie dieses unaufhörliche Geschäft. Es ist die Verneinung des Lebens.

(Vermischte Schriften)

*

Worauf läuft schließlich die praktische Seite des Lebens hinaus? Die Dinge, die einer sofortigen Erledigung bedürfen, sind ganz bedeutungslos. Ich könnte sie alle verschieben, um dem Zirpen dieser Grille zuzuhören.

(Eine Woche)

*

Die Wege, auf denen Geld zu verdienen ist, führen fast ausnahmslos abwärts. Wenn uns eine Arbeit bloß Geld einbringt, dann sind wir wirklich faul gewesen, oder noch schlimmeres. Der Arbeiter, der nicht mehr erwirbt, als den Lohn, den ihm sein Herr zahlt, ist betrogen und betrügt sich selbst. Wer durch Schriftstellerei oder durch Vorträge Geld machen will, muß populär zu werden trachten, und das bedeutet senkrechten Niedergang. Die Dienste, für welche die Gesellschaft am bereitwilligsten zahlt, sind die, die zu leisten am peinlichsten ist: man wird bezahlt, um weniger zu sein, als ein Mensch.

(Vermischte Schriften)

*

Ich möchte darauf hinweisen, daß man sehr fleißig sein und dabei doch einen schlechten Gebrauch von der Zeit machen kann. Es gibt keinen gröberen und unheilvolleren Mißgriff, als den, den größten Teil des Lebens dem Broterwerb zu widmen. Alle großen Unternehmungen erhalten sich selbst. Der Dichter zum Beispiel muß sich durch seine Dichtung lebendig erhalten, wie eine Dampfhobelwerkstätte ihren Kessel mit den eigenen Abschnitzeln speist. Unsere Liebe muß den Unterhalt unseres Lebens beschaffen. Wie aber unter den Kaufleuten nach allgemeiner Behauptung siebenundneunzig vom Hundert fallieren, so ist das Leben der meisten Menschen, an jenem Maß gemessen, ein Mißerfolg, und der Bankrott läßt sich sicher vorhersagen.

(Vermischte Schriften)

*

Der innere Reichtum steht in geradem Verhältnis zur äußeren Armut. Bei kaltem Wetter brennt das Feuer mit reinerer Flamme.

(Tagebücher)

*

Wer wirklich nutzbringend arbeitet, pfercht seinen Tag nicht voll mit Tätigkeit, sondern schlendert gemächlich zu seiner Arbeit, umflossen von einem breiten Schein von Muße und Behagen. Sein Tag gestattet ihm einen breiten Rand für Erholung. Er ist nur darauf bedacht, den Kern seiner Zeit in Sicherheit zu bringen, und übertreibt den Wert der Schale nicht. Wozu sollte die Henne den ganzen Tag sitzen? Sie kann ja doch nur ein Ei legen; und außerdem verabsäumt sie, den Stoff für ein neues aufzupicken. Wer viel arbeitet, arbeitet nicht tüchtig.

(Tagebücher)

*

Die Leute sind närrisch, die vor allem materielle Güter, Häuser und Ländereien aufhäufen. Das Stammkapital unseres Lebens, unser wirklicher Grundbesitz, ist jene Summe von Gedanken, die wir gehabt und durchgedacht haben. Der Boden, den wir auf diese Art bereiteten, bleibt für alle Zeit der Weideplatz für unsere Gedanken. Wer jemals ein Werk ausgeführt hat mit diesen feinsten Werkzeugen: Phantasie, Geist und Verstand, der hat eine neue Schöpfung vollbracht, die unabhängig von der Welt als ewiger Besitz fortwährt. Ein Etwas, zurückgelegt für Regentage; ein Platz, ausgerodet in der Wildnis.

(Ausflüge)

*

Ist der nicht gastfreundlich, der Gedanken bei sich empfängt?

(Tagebücher)

*

Das Kapital, dessen wir bedürfen, ist völlige Unabhängigkeit von jeglichem Kapital, außer von reinem Gewissen und entschlossenem Willen.

(Tagebücher)

*

Der Wert einer Sache wird meistens nach der Menge Geld geschätzt, die sie einbringt. Jedes Ding, sagen wir etwa die hübsche Lage für ein Haus, gilt so lange für wertlos, bis es nicht in so und so viel Geld umgesetzt werden kann, das heißt, bis es nicht aufhört zu sein, was es ist, und zu etwas wird, das man vorzieht. Alle prosaischen Leute, Leute, die nicht mehr haben als Hausverstand und in erster Linie an diese Art Reichtum glauben, spekulieren also, wie man sieht, in unsicheren Papieren und betrügen sich fortwährend selbst; die Dichter aber und alle einsichtsvollen Leute, die ideale Zwecke im Leben verfolgen und wissen, was sie brauchen, spekulieren in wahren Werten. Der gemeine und niedrige Wert der Dinge hängt ab von seiner Umsetzbarkeit in etwas anderes und hat mit dem inneren Wert nichts zu schaffen. Für die meisten hat die Welt und das Leben tatsächlich nur diesen niedrigen Wert. In den Südstaaten hat der Mensch als Sklave einen bestimmten Preis; so viele Dollars ist er wert. Im Norden ist es ganz ebenso. Mancher beginnt sein Leben mit der Absicht, innerhalb eines Zeitraums oder bis zu seinem Tode eine gewisse Summe Dollars zu machen; und die ist dann sein Preis, nicht anders, als wenn er in den Südstaaten um diesen Betrag bei einer Auktion veräußert worden wäre.

(Tagebücher)

*

Ich kann weder denken, noch meine Gedanken aussprechen, wenn ich nicht unbegrenzten Raum habe. Der Dom des Himmels ist nicht zu hoch, die See ist nicht zu tief für den, der einen großen Gedanken entfalten will. Er muß mich nähren, wärmen und gewanden, er muß ein Fest sein, zu dem mein ganzes Ich geladen ist; ich muß wissen, daß die Götter mit mir zu Gast sein werden.

(Tagebücher)

*

Ich bin wie eine Feder, die im Luftraum schwebt. Zu allen Seiten ist unergründliche Tiefe.

(Tagebücher)

*

Es ist von größter Wichtigkeit, daß ein jeder seine Bestrebungen auf Gebiete beschränke, der Gelehrte zum Beispiel auf Studien, die seinem Leben zunächst liegen, zu seinem Leben hinführen und nicht wider die innerste Neigung seines Willens oder seiner Vorstellungswelt. Im Verlauf seiner Untersuchungen findet der Gelehrte manche Gebiete, die ihm besonders fruchtbar und leuchtend, manche andere, die ihm trocken, dürr und dunkel erscheinen. Wenn er weise ist, so wird er sich nicht mit diesen abquälen, wie eine

Pflanze im Keller, die sich nach dem Lichte streckt. Er wird das Feld, auf dem sich sein Geist betätigen soll, so nahe als möglich an das Leben seiner Sinne und an ihre Erfahrungen heranrücken. Sein Gedankenleben muß von dem Leben seines Körpers belebt und beflügelt werden.

(Tagebücher)

*

Der afrikanische Jäger Cummings erzählt, daß das Fell der Elenantilope, wie das der meisten Antilopen, wenn sie eben erlegt wurden, einen köstlichen Duft von Bäumen und Gräsern ausströmt. Ich würde wünschen, daß jeder Mensch in diesem Sinn der wilden Antilope gliche und so sehr Stück und Teil der Natur wäre, daß seine ganze persönliche Erscheinung unseren Sinnen auf die würzigste Art seine Gegenwart kund täte und jene Gefilde der Natur in uns wachriefe, die sein eigentliches Jagdrevier sind.

(Ausflüge)

*

Wenn du jemanden überzeugen willst, daß er unrecht tut, so tue recht. Aber lege kein Gewicht darauf, ihn zu überzeugen. Die Leute glauben, was sie sehen; sie mögen sehen. Verfolge dein Leben, halte gleichen

Schritt mit ihm, umkreise es fort und fort wie ein Hund den Sessel seines Herrn. Wisse, wo dein Knochen liegt; benage ihn, grab ihn ein, grab ihn wieder aus und benage ihn wieder. Sei nicht zu moralisch; du könntest dich dadurch ums Leben betrügen. Strebe über Moralität hinaus. Sei nicht einfach gut; sei gut zu etwas. Jede Fabel hat wohl eine Moral; aber der Reine ergötzt sich an der Geschichte.

(Briefe)

*

Tu, was keiner für dich tun kann; alles andere unterlasse.

(Briefe)

*

Ein weiser Mann verläßt nicht seinen Weg um einer Auskunft willen. Er könnte ebensogut die Natur verlassen oder Selbstmord begehen.

(Tagebücher)

*

Wie kann ein Mensch schwach sein, der überhaupt wagt, da zu sein? Die zarteste Pflanze erzwingt sich ihren Weg durch die härteste Erdschicht und durch

Felsenritzen hindurch; einem Menschen nun gar vermag keine materielle Kraft zu widerstehen. Was für ein Keil, was für ein Hammer, was für ein Mauerbrecher ist ein Mann von Ernst! Jeder sollte dastehen als Verkörperung einer völlig unwiderstehlichen Kraft.

(Briefe)

*

Große Männer sind nicht rasch auszulernen, nicht einmal in ihren Umrissen; sie verwandeln sich wie die Berge am Horizont, wenn man entlang reitet.

(Tagebücher)

*

Jeder herzhafte Schlag, den ich mit diesen meinen Händen führe, tötet einen inneren Feind.

(Tagebücher)

*

Sei entschlossen und ehrlich was du bist, in Demut, was du zu sein erstrebst. Gib den Menschen ja nur das Beste deiner Ware, mag es auch noch so armselig sein, und die Götter werden dir helfen, einen bessern Vorrat für die Zukunft anzulegen. Das vornehmste Geschenk von Mensch zu Mensch ist die Aufrichtigkeit, denn in ihr ist das Ganze seines Wesens eingeschlossen. Nur nicht ängstlich aus sich herausschleichen, um einem stärkeren oder schwächeren Magen bekömmlich zu sein, sondern frank und frei sich selber darbringen und die Schätze auf einmal ausschütten. Ich möchte in Gesellschaft und im Freien derselbe sein: der Natur gegenüber gibt es weder Zurückhaltung noch Unverschämtheit.

(Tagebücher)

*

Es wäre gut, wenn wir uns immer gleichsam in Perspektive sähen, auf den Himmel scharf konturiert, an der Seite eines Gebüsches am Bachesrand. Gegen den Abendhimmel sollte sich unser Leben wie ein schöner, sonnbeschienener Baum abheben; bei Sonnenaufgang aber sollte es auf einem Hügel stehen im Osten, um in den ersten Strahlen des Morgenrots zu glitzern.

(Tagebücher)

*

Nur wenn wir geneigt und vorbereitet sind, in einer Kreatur mehr zu erblicken, als was zutage liegt, können wir das würdigen, was offenbar ist.

(Tagebücher)

*

Wir sind nicht gar weit vom Richtigen entfernt, wir Yankees, die wir eine Frage wiederum mit einer Frage zu beantworten pflegen. Ja und Nein sind Lügen. Eine wahre Antwort hat nichts festzustellen, sondern alles in Fluß zu setzen. Alle Antworten liegen in der Zukunft, und Morgen ist die Antwort auf Heute.

(Tagebücher)

*

Tu nichts bloß aus gutem Vorsatz. Gewöhne dich, nur der Liebe nachzugeben. Überlaß dich dem Zauber der Anziehung. Es ist vergebliche Mühe, über ein ersonnenes Thema zu schreiben; wir müssen warten, bis es eine Flamme in uns entzündet. Hinter jeder Bemühung, die erfolgreich sein soll, muß die zeugende Kraft der Liebe stehen.

(Tagebücher)

*

Wer in Übereinstimmung mit den höchsten Gesetzen lebt, ist in gewissem Sinne keinem Gesetz untertan. Wir machen sicherlich eine unheilvolle Entdeckung, wenn wir ein Gesetz auffinden, das uns bindet, wo wir uns für ungebunden hielten. Atme frei, Kind des Nebels. Der Mann, für den das Gesetz erschaffen wurde, nicht damit er dem Gesetz, sondern damit das Gesetz ihm gehorche, der ruht auf Daunenkissen, von denen er getragen wird, wohin es ihm gefällt; denn über allen himmlischen und irdischen Gesetzen erhaben ist der Mensch, der sich seine Freiheit nimmt.

(Tagebücher)

＊

Uns allen fehlt ein passender Hintergrund für unser Leben. Es sollte wenigstens, wie das Leben der Anachoreten, für den Beschauer so eindrucksvoll sein, wie ein Gegenstand in der Wüste, eine zerbrochene Säule oder ein zerfallener Erdwall, gegen den grenzenlosen Horizont gesehen. Charakter gewährt diesen Vorzug unter allen Umständen schon an sich; scharf umrissen steht er da, ohne Zusammenhang mit Dingen und Menschen der greifbar nahen Alltäglichkeit.

(Eine Woche)

＊

In der Poesie gelingt nichts von ungefähr; kein Kniff geht durch. Das beste, das einer schreiben kann, ist das beste, das er ist. Jeder Satz ist das Ergebnis einer reiflichen Überprüfung. Wir lesen den Charakter des Autors von der ersten bis zur letzten Seite; der läßt sich nicht korrigieren. Wir lesen ihn wie die Hauptzüge einer Handschrift, ohne auf die Schnörkel zu achten. Ganz ebenso steht's mit unserem übrigen Tun. Durch alle unsere Handlungen läuft der Charakter schnurgerade, gleichsam mit dem Lineal gezogen, hindurch, mögen die Krümmungen rund herum noch so zahlreich sein. Unser ganzes Leben wird nach der geringsten Leistung von Tüchtigkeit eingeschätzt; sie ist der Reinertrag. Wie wir essen, trinken, schlafen, wie wir jetzt in diesen indifferenten Tagen, wo uns kein Auge beobachtet und kein Vorfall in Erregung bringt, unsere losen Stunden hinbringen, das entscheidet, was wir in kommenden Zeiten gelten und taugen werden.

(Tagebücher)

*

Manche Köpfe denken und urteilen so wenig logisch wie die Natur. Sie sind nicht imstande Gründe anzuführen oder Vermutungen aufzustellen, sie enthüllen einfach die feierliche, unwiderlegliche Tatsache. In geschichtlichen Fragen tun sich die Gräber auf um ihretwillen. Sie gebieten über eine stumme Tatsachenlogik, die den forschenden Verstand und die natürliche Vernunft gleicherweise überzeugt. Jede bedeutungsvolle Frage, jede befriedigende Antwort ist immer so beschaffen.

(Eine Woche)

*

Die Bestimmung unserer Seele läßt sich nicht mit dem Verstand ergründen, denn in den Methoden des Verstandes hat das Ekstatische keinen Raum. Die gescheitesten Erwägungen und Beweise sind nur ein Spiel, das ich mit mir selber spiele. Ich kann mich nicht selbst einfangen und überzeugen; Gott muß überzeugen. Ein arithmetisches Problem läßt sich ausrechnen, ein moralisches nicht. Die Tugend läßt sich ebensowenig berechnen wie abschätzen. Und eben die Tugend ist die Bestimmung des Menschen; die Tugend, das Mensch-Sein; Dinge, die durchaus ins moralische Gebiet gehören und die nur das Leben der Seele uns erschließt. Der Verstand müßte dieses Ding fesseln und beschneiden, bevor er sich darauf anwenden ließe. Wie kann einer, der noch nicht begriffen hat, wohin seine Bestimmung lautet, diese lange Reise Schritt vor Schritt durchführen? Wie kann einer, dessen Paß nicht bis zur Endstation gültig ist, hoffen, diese schwierige Reise ohne Unterbrechung durchzuführen? – Auf der einen Seite des Menschen liegt das Reale, auf der anderen das Ideale. Jenes ist das Gebiet des Verstandes, der auch ein göttliches Licht sein kann, wenn er eben auf dieses gerichtet ist; aber in das Ideale kann er nicht hineinreichen, ohne zu erblinden. Der Mond wurde erschaffen, um bei Nacht zu regieren, aber die Sonne regiert bei Tag. Der Verstand ist nichts als eine bleiche Wolke, wie der Mond, wenn ein Strahl göttlichen Lichtes einfällt, um die Seele zu erleuchten.

(Tagebücher)

*

Auf welche Kosten wird jedes wertvolle Werk vollbracht – auf Kosten eines Lebens! Während man eine Sache sorgfältig durchführt – wozu taugt man mittlerweile?

(Tagebücher)

*

Wenn der Himmel für uns verdunkelt ist und nichts Hohes und Heroisches erscheinen will, wenn Unzulänglichkeiten und Fehlgriffe aller Art unser Gemüt niederdrücken, dann sind wir geneigt, uns den Daumen zu lutschen und unser Schicksal zu verfluchen, als sei bei trübem Wetter nichts anzufangen. Wenn man den oberen Weg nicht reisen kann, so gehe man eben den unteren; man wird finden, daß sie gleicherweise zum Himmel führen. Man sollte das Triviale nicht immer abschütteln, sondern ohne Zögern willkommen heißen und zärtlich behandeln. Begieße die Winde, bis sie blüht; in guter Pflege wird sie Früchte tragen. Es gibt zwei Wege zum Sieg: mutig kämpfen oder weichen. Wieviel Qual uns das letztere erspart, haben wir noch nicht erfahren.

(Tagebücher)

*

Ich weiß nicht, woran ich den wachen Zustand vom Traume unterscheiden sollte. Leben wir nicht immer das Leben, das wir zu leben uns einbilden? Furcht erzeugt Gefahr, und Mut verscheucht sie.

(Tagebücher)

*

Die Träume sind der Prüfstein unseres Charakters. Im Traume sehen wir uns nackt; wir sehen unsern wahren Charakter in Wirksamkeit, und zwar so deutlich, wie wir in wachem Zustand niemals die anderen Leute sehen. Wenn unsere Tugend wirklich unerschütterlich und gebieterisch ist, so zwingt sie sogar unsere wüstesten und unsere verschwommensten Träume zur Hochachtung vor ihrer immer-wachen Allgewalt; wir sagen ja auch gewohnheitsmäßig: wir hätten uns so etwas nicht träumen lassen. Unser wahrstes Leben ist dann, wenn wir in Träumen wachen.

(Eine Woche)

*

Das Unbewußte im Menschen ist das Bewußtsein Gottes.

(Eine Woche)

*

Ich ertappe mich dabei, am abstraktesten dann zu philosophieren, wenn nachts oder morgens das Bewußtsein gerade zurückkehrt. Die richtigsten Beobachtungen und feinsten Unterscheidungen mache ich, solange der Wille noch völlig schläft und der Geist wie eine Maschine ohne Reibung arbeitet. Ich bin mir bewußt, während des Schlafs die Grenzen des Individuums überschritten zu haben; ich mache Beobachtungen, ich führe Gespräche, die ich im wachen Zustande nicht zurückrufen und nicht würdigen kann. Es ist so, als tauchte das Individuum im Schlafe in den unendlichen Geist hinein und käme erst im Augenblicke des Erwachens an die Grenzen dieses letzteren zurück. Es gibt einen Augenblick in der Dämmerung, wann die nächtliche Finsternis entflieht und bevor die Ausstrahlungen des Tages aufzusteigen beginnen, wo wir die Dinge wahrer sehen, als zu irgend einer anderen Zeit. Das Frühlicht ist zuverlässiger, weil unsere Sinne reiner sind und die Atmosphäre weniger dick ist; am Nachmittag erscheint alles gleichsam in Spiegelung.

(Tagebücher)

*

Nichts war mir jemals so fremd und so erschreckend wie meine eigenen Gedanken.

(Tagebücher)

*

Es ist immer nur ein kleiner Schritt zur Geistesruhe.

(Tagebücher)

*

Eine Handlung, die der vollen Persönlichkeit entspringt, verhält sich zu einer Handlung aus Pflicht, wie das französische Verbum »être« zu »devoir«. Pflicht ist dasjenige, welches »devrait être«. Pflicht gehört in das Gebiet des Verstandes, aber der Genius kennt keine Pflichttreue. Ein ganzer Mann hat beides:

Genius und Talent; das eine ist sein Kopf, das andere sein Fuß. Zufolge des einen ist er, zufolge des anderen lebt er.

(Tagebücher)

*

Schon allein der Pulsschlag des Genius wirkt zerstörend. Seiner Atmosphäre kann sich der Körper niemals völlig anpassen; er unterliegt in den meisten Fällen und geht dem sicheren Verderben entgegen.

(Tagebücher)

*

Törichte Leute haben die Gewohnheit, so zu sprechen, als ob es auch Nicht-Kranke gäbe. Aber der Unterschied zwischen den Menschen, was die Gesundheit betrifft, ist wirklich nicht groß genug, um besondere Betonung zu rechtfertigen. Manche gelten für krank, andere wieder nicht; aber es geschieht oft genug, daß der Gesunde von dem Kranken versorgt wird.

(Eine Woche)

*

Der Mensch mag schlafen oder wachen, laufen oder schlendern, ein Mikroskop und ein Teleskop benützen oder sein unbewaffnetes Auge, nie entdeckt er etwas anderes, nie erhascht er, nie überholt er etwas anderes als sich selbst. Was er sage oder tue, er gibt immer nur Auskunft über sich selbst. Er ist im Paradies der Liebe, weil er liebt; im Himmel, weil er glücklich ist; in der Hölle, weil er leidet. Sein Zustand ist's, der sein Milieu bestimmt.

(Briefe)

*

Mein Heim ist das ganze Stück Natur, das mein Herz umschließen kann. Wenn meine warmen Empfindungen nur meinem Hause gehören, so ist nur das mein Heim. Wenn ich aber mit der Natur ihre Gluten und Fröste, ihre Töne und ihr Schweigen in mir fühle, wenn ich die Ruhe und Gelassenheit, die auf den Feldern um mich liegt, teile, dann sind sie mein Haus genau so, als wenn der Kessel summte, die Reiser knisterten und an der Wand die Uhr ticktackte.

(Tagebücher)

*

In der psychischen Welt gibt es Phänomene ganz analog denen, welche der Zoologe Generationswechsel nennt, wobei es mehrerer einander ungleicher Generationen bedarf, um das vollkommene Tier hervorzubringen. Das Leben mancher Menschen ist nur ein Streben, ein Sehnen nach einem höheren Zustand und wird völlig mißverstanden, solange es nicht zu allen seinen Metamorphosen in Beziehung gesetzt und durch alle hindurch verfolgt wurde. Wir können uns über den geistigen und sittlichen Zustand eines Menschen nicht aussprechen, bevor wir nicht voraussehen, welche Metamorphose sich für ihn vorbereitet.

(Tagebücher)

*

Es will mir zuweilen scheinen, daß ich mein bisschen Erfolg, alles das, was mir Lob von den Menschen einbringt, meinen Lastern verdanke. Ich bin vielleicht halsstarriger als andere, ich opfere, um meine Zwecke zu erreichen, ungeheuer viel, gelegentlich sogar das Glück der anderen. Es scheint fast, als könne nichts gutes zustandekommen ohne ein Gran Lasterhaftigkeit als Hilfe.

(Tagebücher)

*

Was mich in meinen Schriften am meisten beleidigt, ist das moralische Element darin. Der Reuige spricht nie ein tapferes Wort; er sollte an seinen guten Vorsätzen lieber im stillen knabbern. Streng genommen ist das Moralische nichts gesundes. Die unverdienten Freuden, die ungerufenen, die mehr Lust erregen als Dankbarkeit, die sind's, die singen.

(Tagebücher)

*

Man kann nicht rasch genug seine Irrtümer und Fehler vergessen. Lange bei ihnen verweilen, heißt ihre Schuld vergrößern. Reue und Kummer lassen sich nur durch etwas besseres verdrängen, durch etwas, das so frei und ursprünglich ist, als wären sie nie gewesen. Ein großes Herz rechnet seine Vergehungen nicht sich selber zu, sondern geht gänzlich auf in dem Vorgefühl seiner Tüchtigkeit und Würde in kommenden Tagen.

(Tagebücher)

*

Unsere Fehler liegen immer in der Richtung unserer Vorzüge und sind bestenfalls nur glaubhafte Kopien der letzteren. Eine Unwahrheit erreicht nie die Würde einer vollkommen lügenhaften Gesinnung; sie ist nur eine niedrigere Art Wahrheit. Wäre sie

Lüge durch und durch, sie liefe Gefahr, Wahrheit zu werden.

(Eine Woche)

＊

Es ist ganz wertlos, sich wegen der eigenen Fehler immer zu beunruhigen. Das Gewissen kann und darf die Gesamtheit unseres Lebens nicht für sich allein in Anspruch nehmen, nicht mehr als der Kopf oder das Herz. Es ist Krankheiten unterworfen, genau so wie jeder andere Teil. Ich habe Leute gesehen, deren Gewissen, offenbar weil es bereits zu viel Nachgiebigkeit erfahren hatte, so reizbar geworden war wie ein verzogenes Kind, und keine Ruhe mehr halten wollte. Sie wußten nie, wann sie ihr wiedergekäutes Futter endlich schlucken sollten – und ihr Leben gab selbstverständlich keine Milch.

(Eine Woche)

＊

Wann wird die Welt einsehen lernen, daß eine Million Menschen nichts bedeutet im Vergleich zu einem Manne?

(Briefe)

＊

Die meisten Leute, mit denen ich rede, – es sind darunter Männer und Frauen von Eigenart, sogar von Genie – besitzen vom Weltall ein fertig zugeschnittenes und wohlgetrocknetes Schema; es ist wirklich sehr trocken für den Hörer, trocken genug zum Einheizen, außerdem wurzeldürr und stockfaul. Nach den ersten Worten richten sie es auf zwischen sich und mir; einen alten klapprigen Rahmen mit abgeschlagenen Ecken. Sie gehen nicht aus ohne ihr Bett. Manche Dinge und Beziehungen, die mir ganz nebensächlich und unwesentlich erscheinen, gelten ihnen als unumstößlich für alle Ewigkeit festgesetzt, zum Beispiel Vater, Sohn und Heiliger Geist und dergleichen mehr. Für sie ist das so viel wie die ewigen Berge. Ich fürchte, Christus selbst hatte so ein Schema: seine Anpassung an die Tradition, die seine Lehre etwas verdirbt. Er hatte nicht alles Formelwesen verdaut und manche seiner Aussprüche sind nichts als leere Schulweisheiten. Gott in seiner Vollkommenheit hat sich niemals in einem einzigen solchen Gebote geoffenbart, wie Ihr, seine Propheten, sie aufstellt.

(Eine Woche)

*

Sonderbar, wirklich sonderbar ist die unaufhörliche Anforderung, die das Christentum an uns stellt, alles vom moralischen Gesichtspunkt aus zu beurteilen. Man mag ein noch so kleiner Wurm sein, schon gellt einem der Ruf ins Ohr: Bereue, bereue. Die Welt des Christen will es nicht gelten lassen, daß man eine Wahrheit richtig erfassen könne, ohne gleichzeitig auszurufen: Herr, sei mir armem Sünder gnädig!

(Tagebücher)

*

Es ist ermutigend zu wissen, daß, obwohl jedes Körnchen Wahrheit aus unseren Kirchen sorgfältig weggefegt worden ist, der Staub der Wahrheit dennoch an ihren Wänden hängen blieb, so daß sie plötzlich wie eine Pulvermühle explodieren würden, wenn jemand mit einem Licht hineinträte.

(Tagebücher)

*

Der weiseste Konservatismus ist der der Inder. »Unvordenkliche Sitte ist transzendentales Gesetz,« sagt Manu. Das will heißen: sie war das Gesetz der Götter, ehe die Menschen sie in Anwendung brachten. Dieser Konservatismus ist erhaben, so weit wie die Welt, so unverbraucht wie die Zeit, und erhält, in echt asiatischer Scheu vor Veränderung, das Universum in dem Zustand, in welchem es ihrem Geist erschienen war. Die indischen Philosophen legen besonderen Nachdruck auf die Unverbrüchlichkeit und Unabänderlichkeit der Gesetze, auf die Bedeutung der geistigen und körperlichen Anlage, auf die drei »Gun« oder Eigenschaften und auf die äußeren Umstände, das ist Geburt und Verwandtschaft.

Das Christentum hingegen ist auf das Menschliche und Praktische gerichtet; es ist radikal in weiterem Sinn. Der Brahmane hatte sich's nie einfallen lassen, außer ein Kind Gottes auch noch ein Bruder der Menschen zu sein. Christus aber ist der Fürst der Reformatoren und der Radikalen. Viele Aussprüche, die im Neuen Testamente stehen, kommen den Protestanten ganz von selbst auf die Lippen; es liefert die für's praktische Leben bestverwertbaren Bibelstellen. Kein unschuldvolles Träumen ist darin zu finden, kein weises Schauen, es steht durchgehends auf dem Boden nüchterner Verständigkeit. Es sinnt nicht, es bereut. Es liegt keine Poesie darin, nichts was sozusagen nur im Lichte der Schönheit gesehen wäre, es beschäftigt sich nur mit moralischen Wahrheiten. Es hat ein Gewissen, das alle Sterblichen schuldig spricht.

(Eine Woche)

*

Nirgendwo, nicht im Osten und nicht im Westen, leben die Menschen das Leben der Natur, um welches sich die Rebe schlingt und das die Ulme freundlich beschattet. Nicht Vergeistigung allein tut not, sondern auch Einwurzelung in die irdische Scholle. Die Winde müßten des Menschen Atem sein, die Jahreszeiten seine Stimmungen, und seine Heiterkeit müßte die Natur selbst beeinflussen. Hier oder nirgends ist unser Himmel.

Wir können uns nichts Köstlicheres ausdenken als das, was wir wirklich erlebt haben. »Die Erinnerung an die Jugend ist ein Seufzer.« In den Jahren der Reife quält uns die Sehnsucht, die Träume unserer Kindheit mitzuteilen, aber sie sind halbvergessen, bevor wir sie aussprechen lernen. Wir müssen ebenso Erdgeborene wie Himmelssöhne sein, γηγενεῖσ*, wie es in alter Zeit von den Titanen hieß; und in noch besserem Sinne als sie.

Wir brauchen um keinen höheren Himmel zu beten, als der ist, den die reine Sinnenwelt, ein rein sinnliches Leben gewährt. Unsere Sinne von heute sind das bloße Rudiment von dem, was sie zu werden bestimmt sind. Vergleichsweise sind wir taub und stumm und blind, ohne Geruch und Geschmack und Gefühl. Jede Generation macht die Entdeckung, daß ihre göttlichen Kräfte vergeudet, ihre Sinne, alle ihre

---

* Gigeneis (Anm. d. Red.)

Fähigkeiten mißbraucht und verdorben wurden. Die Ohren wurden nicht zu dem gemeinen Gebrauch, an den man meistens denkt, erschaffen, sondern um göttliche Musik zu hören; die Augen nicht für die unwürdigen Zwecke, in denen sie abgenützt werden, sondern um eine Schönheit zu sehen, die noch verborgen ist. Sollten wir Gott nicht sehen können? Sollen wir uns mit einem Amüsement abfinden lassen, als wäre das Leben eine bloße Allegorie? Ist die Natur für den, der richtig zu lesen versteht, nicht in Wirklichkeit das, als dessen bloßes Symbol sie gewöhnlich gilt? Was heißt also erziehen anderes, als diese göttlichen Keime, die Sinne genannt werden, entwickeln?

Freilich, es ist leichter, noch eine neue Welt zu entdecken, wie Columbus tat, als hinter eine einzige Hülle dieser Welt zu dringen, die uns so wohlbekannt erscheint. Aber ein Augenblick gesunden und natürlichen Empfindens genügt, um uns zu lehren, daß es eine Natur hinter der gewohnten gibt, auf welche wir bis jetzt nur ein unbestimmtes Vorkaufsrecht besitzen. Wir leben auf dem äußeren Saum dieses Gebietes. Treibholz und schwimmendes Astwerk und die Röte des Abendhimmels ist alles, was wir davon kennen. Laßt uns ein bißchen Geduld haben, meine Freunde, und keine Ausschußware hier kaufen; laßt uns vielmehr darauf bauen, daß fruchtbareres Land in kurzem zum Verkauf gelangen wird. Das Erdreich, auf dem wir stehen, ist mager; ich fühle, daß meine

Wurzeln in fetteres hineinreichen, als dieses ist. Ein Büschel Veilchen in einer Glasvase habe ich gesehen, locker mit Stroh gebunden, und das gemahnte mich an mich selbst.

(Eine Woche)

Der Mensch unter Menschen

In der Liebe kleiner Seelen mache ich viele kurze Reisen; aber vergeblich. Ich finde keinen Seeraum. Aber in großen Seelen segle ich ohne Wachtdienst vor dem Wind und stoße niemals auf Land.

*

Das Licht der Sonne ist nur der Schatten der Liebe. Die Liebe ist der Wind, die Flut, die Woge und der Sonnenglanz. Ihre Kraft ist unberechenbar; sie hat viele Pferdekräfte. Sie endet nie, sie wird nie schlaff; den Erdball kann sie bewegen ohne Stützpunkt, sie kann wärmen ohne Feuer, nähren ohne Fleisch, kleiden ohne Gewand, bergen ohne Dach; sie schafft ein inneres Paradies, das jedes äußere entbehrlich macht.

(Vermischte Schriften)

*

Das große einsame Herz liebt allein, ohne den Gegenstand seiner Liebe zu kennen; es hat keinen Partner in seiner Liebe. Es spendet seine Liebe, wie die Wolke den Regen auf die Felder niederträufelt, über denen sie schwebt.

(Tagebücher)

*

In unserm Umgang mit jemandem, den wir lieben, erwarten wir Antwort auf jene Fragen, an deren Ende wir die Stimme nicht erheben und kein Fragezeichen setzen – eine Antwort, die ebenso unfehlbar wie allumfassend nach jedem Punkte der Windrose zielt.

(Briefe)

*

Liebe muß ebensosehr Licht wie Flamme sein.

(Briefe)

*

In der Liebe und in der Freundschaft wird die Phantasie nicht weniger in Anspruch genommen wie das Herz; wenn eines von beiden verletzt wird, so erleidet auch das andere eine Entfremdung. Gewöhnlich ist es die Phantasie, die zuerst verwundet wird, leichter als das Herz; sie ist um so viel empfindlicher.

(Briefe)

*

Vergleichsweise können wir jede Kränkung des Herzens vergeben, aber keine, die die Phantasie trifft. Der Phantasie entgeht nichts von ihrer luftigen Höhe aus; sie kennt und sie bewacht die Brust. Mein Herz sehnt sich vielleicht immer noch zutal, aber meine Phantasie gestattet nicht mehr den Sprung den jähen Hang hinab, der mich davon trennt; denn sie ist verwundet, ihre Flügel sind geknickt und sie kann nicht mehr fliegen, nicht einmal niederwärts; »Unser irrendes Herz!« sagen die Dichter. Die Phantasie aber vergißt nicht; sie ist Rück-Erinnerung. Sie besitzt Fundament und ist höchst vernünftig, weil sie allein alles Wissen unseres Geistes zu benützen weiß.

(Briefe)

*

Ein Liebender hört niemals das gesprochene Wort;
denn das ist meistens falsch oder verbraucht. Aber er
hört Dinge, die vorgehen, wie die Wache den Baron
Trenck im Boden wühlen hörte und dachte, es wäre
der Maulwurf.

(Briefe)

*

Die Liebe ist ein strenger Richter; der Haß kann mehr
vergeben als die Liebe. Wer strebt, würdig zu lieben,
unterwirft sich einem Gottesurteil, das unbeugsamer
ist, als jedes andere.

(Briefe)

*

Ein Mann von feiner Empfindung hat mehr echte
Weiblichkeit an sich als eine bloß weichherzige Frau.
Das Herz ist blind, aber die Liebe nicht. Keiner von
den Göttern sieht schärfer.

(Briefe)

*

Ich brauche deinen Haß so gut wie deine Liebe. Du verstößt mich nicht ganz, wenn du das verstößt, was schlecht ist in mir.

(Briefe)

*

In der Neigung schwelgen – da liegt die Gefahr. In unserer Liebe muß Nerv und Heroismus stecken, wie in einem Wintermorgen. Die Religionen aller Völker weisen auf eine Reinheit hin, die die Menschen, wie ich fürchte, nie erreichen. Es kann vorkommen, daß wir uns lieben und doch nicht erheben. Die Liebe, die uns nimmt, wie sie uns findet, setzt uns herab. Wie sorgsam müssen wir über der schönsten und reinsten Neigung wachen, damit sie nicht befleckt werde! Möchten wir so lieben, daß wir nie in die Lage kommen, unsere Liebe zu bereuen!

(Briefe)

*

Eine echte Ehe unterscheidet sich in keiner Hinsicht von geistiger Erleuchtung. Jede Wahrheit gewährt, wenn sie lebendig wird, eine göttliche Verzückung, einen unaussprechlichen Freudentaumel, wie wenn der Jüngling seine jungfräuliche Braut küßt. Die höchsten Wonnen einer echten Ehe sind eins damit.

(Briefe)

*

Freundschaft entsteht zwischen denen, die sich gegenseitig anziehen, als vollkommen natürliches, als unvermeidliches Ergebnis, dem kein Beruf und kein Entgegenkommen förderlich sein kann. Nicht einmal das gesprochene Wort hat schon im Anbeginn notwendig damit zu schaffen; es folgt erst dem Schweigen, wie sich auch die Knospen in dem Pfropfreis nicht früher zu Blättern entfalten, als bis das Pfropfreis lange gefaßt hat. Sie ist ein Drama, in welchem die Beteiligten keine Rolle zu spielen haben. Darin sind wir alle Muselmänner und Fatalisten. Menschen, die in ihrer Liebe ungeduldig und unsicher sind, glauben, wann immer sie sich begegnen, etwas freundliches sagen oder tun zu müssen, nie kalt sein zu dürfen. Aber wahre Freunde tun, was sie müssen, nicht was sie zu müssen glauben. Auch ihre Freundschaft ist ihnen gewissermaßen nichts als ein erhabenes Phänomen.

(Eine Woche)

*

Worte sollten zwischen Freunden überspringen, wie
der Blitz von Wolke zu Wolke.

(Tagebücher)

*

Vom Freunde erwarten wir nicht, daß er unseren
Körper nähre und kleide – das zu besorgen sind
Nachbarn freundlich genug; sondern wir erwarten,
daß er unserem Geist solche Dienste erweise. Wir
wollen uns verkündigen und wie die Sonne unsere
Strahlen ausbreiten; der neue Gedanke entfaltet sich,
wenn wir ihn dem Freunde zuwerfen. Freunde sind
Zwillingsbrüder, die ihre Interessen eins fühlen. Jeder
weiß, daß, was er sagte, ebensowohl der andere gesagt haben könnte. Alle Schönheit, alle Musik, jedes
Entzücken entspringt scheinbarem Dualismus, aber
wirklicher Einheit.

(Tagebücher)

*

Die Behauptung, jemand sei ein Freund, besagt in
der Regel nicht mehr, als daß er kein Feind ist. Die
meisten denken nur an das, was ein zufälliger und
nebensächlicher Vorteil der Freundschaft sein kann;
etwa: Beistand in Zeiten der Not durch materielle
Unterstützung, durch persönlichen Einfluß oder

durch Rat. Wer aber diese Vorteile freundschaft-
licher Beziehung im Auge hat, beweist, daß er für
ihre wirklichen Vorteile blind ist und völlig uner-
fahren in der Beziehung selbst. Derlei Dienste sind
engpersönlicher und niedriger Natur im Vergleich
mit dem ewigen, allumfassenden Dienst, den uns
Freundschaft wirklich leistet. Nicht die äußerste
Anspannung von gutem Willen, nicht Übereinstimmung und werktätiges Wohlwollen genügen, um
Freundschaft zu schaffen; denn Freunde leben nicht
nur in Harmonie, wie gewöhnlich angenommen
wird, sondern sie leben in Melodie.

(Eine Woche)

*

In der Freundschaft liegt nicht so viel Güte, als man
denkt. Sie hat wenig menschliches Blut in sich; sie
verbindet sich vielmehr mit einer gewissen Geringschätzung für die Menschen und für ihre Erbauungs-
mittel: Christenliebe und Christenpflicht. Man kann
sie eine zuinnerst heidnische Verbindung nennen,
die, ihrer Natur nach frei und unverantwortlich, alle
Tugenden freiwillig übt. Freundschaft ist nicht nur
die höchste Form der Sympathie, sondern auch eine
reine und hohe Vergesellung, das Bruchstück eines
götterähnlichen Verkehrs aus uralter Vergangenheit,
der noch immer von Zeit zu Zeit aufrechterhalten

120

wird und nicht zaudert, über die bescheideneren menschlichen Rechte und Pflichten hinwegzuschreiten, sobald er sich auf sich selbst besinnt. Wenn aber ein Freund aus seinem Heidentum und Götzendienst heraustritt, wenn er, bekehrt durch die Satzungen eines neueren Testamentes, seine Idole zerbricht, seine Mythologie vergißt und seinen Freund als Christen behandelt oder einfach nach bestem Können: dann hört Freundschaft auf, Freundschaft zu sein, und wird Barmherzigkeit.

(Eine Woche)

*

Der ist ein Freund, der uns ohne Unterlaß die Ehre erweist, alle Tugenden in uns zu erwarten, und der sie auch zu würdigen weiß. Es gehören zwei dazu, um die Wahrheit zu sprechen: einer, der spricht, und einer, der hört; bloßes Holz und Gestein, könnte man das mit Hochherzigkeit behandeln? Hätten wir nur mit Falschen und Unredlichen zu tun, wir würden schließlich verlernen, die Wahrheit zu sprechen. Den Wert und Adel der Wahrheit verstehen nur Liebende; Händler schätzen eine wohlfeile Anständigkeit, Nachbarn und Bekannte eine wohlfeile Höflichkeit. In unserem täglichen Umgang mit Menschen bleiben unsere besseren Eigenschaften im Schlummer und verfallen dem Rost. Keiner erweist uns die Ehre,

Adel von uns zu erwarten. Wir haben Gold zu verschenken, aber sie wollen nur Kupfer. Was gemeinhin Freundschaft genannt wird, ist nur ein etwas feierlicherer Grad von Hochachtungsbeteuerung zwischen Spitzbuben.

(Eine Woche)

*

Die Schwierigkeiten mit meinen Freunden sind von einer Art, die keine Offenheit auszugleichen vermag. Das Neue Testament enthält keine Vorschrift, die mir helfen könnte. Andere können beichten und Mißverständnisse aufklären, ich kann es nicht. Nicht als ob ich zu stolz wäre; aber Aufklärung ist nicht das, was not tut. Freundschaft ist die unaussprechliche Freude, die Gnade, die zweien oder mehreren daraus erwächst, daß sie ihrer Natur nach übereinstimmen. Solche Wesen sind keinen Fehlgriffen ausgesetzt, sie kennen sich durch dick und dünn. Zwischen zwei gleichgearteten Naturen, die geschaffen sind, um zu sympathisieren, gibt es keinen Schleier und kein Hindernis. Was heißt Entfremdung? Zwei Freunde, die Aufklärungen austauschen.

(Tagebücher)

*

Meine Bekannten geben mir zuweilen zu verstehen, ich sei zu kalt; aber jedes Ding ist warm genug für seine Art. Das Feuer selbst ist kalt für alle Dinge, die ihrer Natur nach nicht von ihm erhitzt werden können. Daß ich kalt bin beweist, daß ich von anderer Art bin.

(Tagebücher)

*

Die allernördlichste See, die »Polina« genannt wird, gilt für eisfrei. Hab Ausdauer mit den kältesten Naturen, geh weit genug; in ihren höchsten Breitegraden findest du offene See.

(Tagebücher)

*

Ich bin zu kalt für Freundschaft mit Menschen; ich hoffe, ich werde nicht zu kalt sein für die Einwirkungen der Natur. Es scheint ein Gesetz zu sein, daß man nicht für beides, für den Menschen und für die Natur, tiefe Sympathie empfinden kann. Eigenschaften, die dem einen nahebringen, entfremden dem anderen.

(Tagebücher)

*

Wenn ich mit jemandem zusammentreffe, der anders geartet ist als ich, so finde ich mich selbst ganz und gar in der Ungleichartigkeit. Worin ich anders bin als die anderen, darin liegt mein eigenes Selbst.

(Tagebücher)

*

Von meinem Gefährten verlange ich den Nachweis, daß er weiter gewandert ist, als bis zu den Quellen des Nils, daß er über den Umkreis von Stadt und Haus hinausgekommen ist; nicht, daß er eine gute Geschichte erzählen, sondern daß er ein gutes Schweigen bewahren kann. Hat er jemals einer Stille gelauscht, die bedeutsamer war als alle Geschichten? Hat er jemals die Straße verlassen, auf der alle Menschen und alle Narren pilgern? Du willst ein weitgereister Mann sein, mag sein; kommst du aber auch über das Einflußgebiet einer gewissen Klasse von Anschauungen hinaus?

(Tagebücher)

*

Was für ein subtiles Ding ist doch Vertrauen! Nichts wahrnehmbares geht vor; keine Folgen kommen jemals zutage, wenn es an die unrechte Stelle gelangte. Und dennoch, etwas ist durchgesickert; ein neues Betragen sprießt auf, das Schiff führt neuen Ballast in seinem Kielraum. Ein hinreichend großes und weitherziges Vertrauen kann nicht mißbraucht werden. Wer ein großes Vertrauen schenkt, wird ein gleiches in sich Wurzel fassen fühlen. Wenn es eben empfangen oder geschenkt wurde, so wagen wir nicht zu sprechen, kaum einander anzublicken; unsere Stimmen klingen hart und unwert des Vertrauens. Wir sind wie Instrumente, auf denen die unsichtbaren Mächte spielten.

(Briefe)

*

Die Erfahrung sitzt im Kopf und in den Fingern; das Herz macht keine Erfahrungen.

(Tagebücher)

*

Während wir Gehorsam für die menschlichen Gesetze predigen und für die göttlichen, soweit sie im Neuen Testament enthalten sind, bleiben die natürlichen Gesetze, die im Genius, in der Liebe und in der Freundschaft liegen, unverkündigt und unbetont. Wie manche scheinbare Herzlosigkeit ist gerade durch Überfülle des Herzens zu erklären, wie viel scheinbare Rücksichtslosigkeit, ja sogar Selbstsucht, ist offenkundiger Gehorsam für diesen Kodex göttlicher Gesetze.

(Tagebücher)

*

Für zwei Leute, die sich zwar fremd, aber doch freundlich gestimmt sind, ist es schwierig, sich gegeneinander so wahr zu benehmen, daß nicht bald ein Gefühl von Falschheit und Hohlheit zwischen ihnen aufkommt. Die leiseste Ängstlichkeit sich wahr zu benehmen, verdirbt die Beziehung.

(Tagebücher)

*

Du kannst den Verdacht, mit dem dir ein anderer begegnet, aus dem Betragen, zu dem du dich gezwungen fühlst, erkennen. In seiner Gegenwart trägst du einen neuen Charakter, gleichsam wie ein ungewohntes Kleidungstück.

(Tagebücher)

*

Lob und Schmeichelei erregt meistens meine Verachtung, weil es eine Anmaßung in sich schließt; denn wer ist der, der sich erlaubt, mir zu schmeicheln? Die meisten Lobesäußerungen enthalten von seiten des Lobspendenden die Annahme seiner Überlegenheit. Tatsächlich ist Lob eine feinere Art Herabsetzung.

(Tagebücher)

*

Was man gesellige Tugenden, gute Kameradschaft nennt, ist meistens nur die Tugend von Schweinen desselben Wurfes, die eng beisammen liegen, um sich gegenseitig warm zu halten. Die Menschen werden dadurch haufen- und herdenweise in Kneipen und anderswo zusammengetrieben, aber den Namen Tugend verdient das nicht.

(Tagebücher)

*

Die beste Art den Menschen zu helfen besteht darin, ihnen zu zeigen, wie selten Hilfe wirklich nötig ist. Ich habe keine Eile, den Menschen zu helfen, nicht mehr Eile als Gott. Wenn sie sich nicht selbst helfen wollen, soll ich ihnen darin Vorschub leisten?

(Tagebücher)

*

Mir scheint, daß einem, der auf den Höhen der Philosophie stände, das Menschengeschlecht mitsamt all seinem Tun völlig aus dem Gesichtskreise schwinden müßte; ich glaube, es wird überhaupt zu viel Gewicht auf den Menschen gelegt. Ein Dichter hat zwar gesagt: das wahre Studium des Menschen ist der Mensch; aber ich sage euch: studiert, wie ihr alles das vergessen könnt, und faßt das Universum etwas weiter. Unsere Schwäche ist es, die die Tugend der Philanthropie und der Barmherzigkeit so übertreibt und sie zur rühmenswertesten Eigenschaft des Menschen erhebt. Früher oder später wird die Welt der Philanthropie müde werden und aller Religionen, die ihrer als Hauptstütze bedürfen.

(Tagebücher)

*

Ich mache die Beobachtung, daß manche Leute – meistens Leute von Begabung – in eine gewisse Kruste von feiner Lebensart ringsum eingeengt sind, die zuweilen schön-durchscheinendes Email sein mag, aber dennoch abstößt und betrübt, weil ihre Starrheit ersichtlich jede Fortentwicklung verhindert. Solche Leute sieht man immer nur wie von ferne, wie Insekten unter Glas. Sie haben sozusagen eine vorzeitige Verhärtung des Keimes und der Schale erfahren, wodurch das Leben der Pflanze schwer beeinträchtigt wurde, wenn nicht gar zerstört. Das nennt man: sich seiner Würde bewußt sein. Solche Leute sind einfach hartgesottene Sünder, in milderem Sinn. Die Perle ist ein hartgesottener Sünder.

(Tagebücher)

*

Die besten Manieren auf der Welt sind plump und dumm, wenn sie mit einer feineren Intelligenz in Berührung kommen. Sie wirken wie die Mode vergangener Zeiten, wie der Hofton, die Knieschnalle und das Beinkleid von gestern. Darin, daß den Manieren der Charakter immer ausreißt, zeigt sich ihr Mangel, nicht ihre Vortrefflichkeit; sie sind abgeworfene Kleidungstücke, Hüllen, die für sich eine Achtung fordern, die dem lebenden Geschöpf gebührte.

(Ausflüge)

*

Jeder Mann, jedes Weib ist ein wahrer Gott, eine wahre Göttin, aber für die große Masse ihrer Mitmenschen verkleidet. Es ist immer nur einer da, der durch die Verkleidung hindurchsieht. Wer niemandem so nahe steht, daß er das Göttliche im Menschen sieht, der ist wirklich allein.

(Tagebücher)

*

Wir leben immer gewissermaßen dicht an der Grenze eines reinen und erhabenen geistigen Verkehrs, der alle Übel und Erbärmlichkeiten des Lebens in lächerliche Dinge verwandeln würde. Nach jeder kleinen Zwischenzeit – und wäre es nur eine Nacht – sind wir wieder bereit, einander als Gott und Göttin zu begegnen.

(Briefe)

*

Was bedeutet die ganz alltägliche Erscheinung, daß eine Seele, die alle Hoffnung für sich selbst verlor, gerade durch das Bekenntnis ihrer Verzweiflung grenzenloses Vertrauen zu sich erwecken kann?

(Briefe)

*

Der eine lügt mit Worten und macht sich einen schlechten Ruf; der andere lügt in seinem Benehmen und genießt den besten.

(Tagebücher)

*

Über Erziehung wird allerhand geschwatzt, aber niemand will die Pflichten eines Erziehers auf sich nehmen. Ich habe noch keinem den vollen Gewinn aus meiner Person gewährt, keinem die Veredlung durch meine Liebe geboten. Darf ich von Nächstenliebe sprechen, der ich meine Zärtlichkeit zuguterletzt doch zurückbehalte, die allein die Nächstenliebe wünschenswert macht? Was der Arme braucht, ist nicht weniger als meine ganze Person, und ich entziehe mich meiner Pflicht dadurch, daß ich Lumpen gebe und Fleisch. Was kann ich einem anderen schenken oder versagen als mich selbst?

(Tagebücher)

*

Ich lebe jetzt einige dreißig Jahre auf diesem Planeten und habe von der älteren Generation nicht einmal die erste Silbe eines wertvollen oder auch nur ernsthaften Rates zu hören bekommen. Keiner von den Älteren hat mir etwas Zweckdienliches gesagt; wahrscheinlich sind sie es auch gar nicht imstande. Hier liegt das Leben, für mich ein unversuchtes Experiment; daß andere es durchgeführt haben, nützt mir nichts. Mache ich irgendeine wertvolle Erfahrung, so werde ich mir sicherlich sagen müssen, daß meine Mentoren darüber nicht gesprochen hatten. Was Geheimnis war dem Kinde, bleibt Geheimnis dem alten Mann.

(Tagebücher)

*

Wie gar mancher muß, wenn er auf sein Leben zurückblickt, die Überzeugung gewinnen, daß er ein Talent erwarb, aber einen Charakter verlor. Mein Leben hat sich mir in die Finger verlaufen. Die Gesellschaft tut so, als würdige sie die Menschen nach ihren Begabungen, tatsächlich aber geht ihr Gefühl und ihre Kenntnis auf den Charakter. Was einer tut, ist im Vergleich zu dem, was er ist, nur ein geringer Teil.

(Tagebücher)

*

Nach meiner Meinung sollten wir zuerst Menschen, dann erst Untertanen sein. Es ist durchaus nicht wünschenswert, für das Gesetz denselben Respekt großzuziehen wie für das Rechte! Die einzige Verpflichtung, die ich auf mich zu nehmen berechtigt bin, ist: zu allen Zeiten das zu tun, was ich für recht halte.

(Vermischte Schriften)

*

Ein Mann, der rechtlicher ist als seine Nachbarn, bildet bereits eine Majorität von einer Stimme.

(Vermischte Schriften)

*

Unter einer Regierung, die irgendwen ungerechterweise einsperrt, ist der passende Ort für den gerechten Mann gleichfalls das Gefängnis.

(Vermischte Schriften)

*

Eine Regierung ist bestenfalls ein Notbehelf; die meisten Regierungen aber sind in überwiegendem Maße untauglich, alle Regierungen sind es zeitweilig. Wenn Handel und Gewerbe nicht aus Kautschuk wären, so brächten sie es nie dahin, über die Hindernisse hinwegzukommen, welche ihnen die Gesetzgeber fortwährend in den Weg legen. Wollte man diese Leute ausschließlich nach den Wirkungen ihrer Handlungen und nicht auch zum Teil nach ihren Absichten beurteilen, sie würden verdienen, wie diese boshafte Sorte von Geschöpfen bestraft zu werden, die Klötze auf die Eisenbahnschienen werfen.

(Vermischte Schriften)

*

Die Dinge, auf welche heute das Augenmerk der Menschen vor allem gerichtet ist, nämlich Politik und die laufenden Geschäfte des Tages, sind allerdings vitale Funktionen der menschlichen Gesellschaft, sollten aber ebenso unbewußt verrichtet werden, wie die analogen Funktionen des physischen Körpers. Sie sind untermenschlich, etwas Vegetatives. Zuweilen habe ich das dämmrige Gefühl ihres Vorsichgehens in mir, wie man sich in krankhaften Zuständen auch des Verdauungsprozesses bewußt werden kann, wenn man nämlich die sogenannte Dyspepsie hat. Nicht nur Individuen, auch Staaten leiden somit an chronischer Dyspepsie, deren rhetorische Künste man sich wohl vorstellen kann. So kommt es, daß unser Leben durchaus kein Vergessen all der Dinge ist, deren wir uns, wenigstens in unseren wachen Stunden, nie hätten bewußt werden dürfen, sondern daß es – leider! – in

reichem Maße ein Wieder-daran-erinnert-werden
bedeutet. Weshalb sollen wir uns immer als Dyspep-
tiker begegnen, die von ihren schlimmen Träumen
erzählen, weshalb nicht manchmal als Eupeptiker, um
einander zu dem immerstrahlenden Morgen Glück
zu wünschen?

(Vermischte Schriften)

Kunst und Philosophie

Jeder Autor schreibt in dem guten Glauben, daß sein Buch der endgültige Ruheplatz sein werde, und schlägt ein Gerüst auf wie für mehr als orientalisches Beharren. Aber es ist nur eine Karawanserei, die wir bald ohne Umstände verlassen. Wir lesen auf dem Schilde bloß: Erfrischungen für Mensch und Tier, und eine aufgemalte Hand weist den Weg nach Isfahan oder Bagdad.

*

Es würde die Mühe lohnen, unsere Lektüre mit Sorgfalt auszuwählen, denn Bücher sind der Umgang, den wir pflegen. Die besten Bücher sollten wir zuerst lesen, sonst kommen wir vielleicht überhaupt nicht dazu. Aber nicht diejenigen, welche uns ein bequemes Vergnügen bereiten, sondern solche, in denen jeder Gedanke ein ungewöhnliches Wagnis bedeutet, die ein träger Geist nicht hinunterwürgen und ein furchtsamer nicht ergötzlich finden kann, die uns für alle bestehenden Einrichtungen sogar gefährlich machen – die nenne ich gute Bücher.

(Eine Woche)

*

Ein Buch sollte nichts enthalten, als reine Entdeckungen, nichts als den flüchtigen Schimmer einer »terra firma«, wenn auch nur im Schiffbruch erhascht; wir wollen nicht über die Kunst der Schiffahrt hören von denen, die das Land nie aus Sicht verloren. Ein Buch solcher Art braucht dem Autor nicht Weizen und Kartoffeln einzutragen: es muß selbst der freie und natürliche Ertrag seines Lebens sein.

(Eine Woche)

*

Nur das Wilde in der Literatur zieht uns an; Langweiligkeit ist bloß ein anderer Name für Zahmheit. Was uns im Hamlet, in der Ilias, in allen Mythologien und heiligen Schriften entzückt, ist das freie und wilde Denken, das nicht Schule und Zivilisation formte. Wie die wilde Ente rascher ist und schöner als die zahme, so ist es auch der wilde Gedanke, der Wildentengedanke, der sich im niederfallenden Tau über das Moor aufschwingt. Das Genie ist ein Licht, das wie der Blitz die Finsternis erhellt und vielleicht sogar den Tempel des Wissens zerschmettert, – es ist nicht eine Fackel auf dem Herdstein des Menschengeschlechts, die vor dem Lichte des Alltags verblaßt.

(Ausflüge)

*

Wo gibt es eine Literatur, in der die Natur zum Ausdruck käme? Der wäre ein Dichter, der Winde und Ströme in seinen Dienst zu zwingen wüßte, so daß sie für ihn sprächen; der die Worte in ihrem Ursinn festigte, wie der Landmann im Frühjahr die Pflöcke wieder festrammt, die der Frost lockerte; der seine Worte jedesmal von neuem in ihrer Abstammung erfaßte und mitsamt der Erde an ihren Wurzeln auf das Papier übertrüge. Dann würden sie so wahr, so frisch und so natürlich wie im Frühjahr die aufbrechenden Knospen erscheinen, wenn sie auch halberstickt zwischen muffigen Blättern in einer Bibliothek liegen; dann müßten sie erblühen und nach ihrer Art dem treuen Leser Früchte tragen, jahraus, jahrein, in Übereinstimmung mit der umgebenden Natur.

(Ausflüge)

*

Manche Dichter meinen, Dichten schicke sich nur für die Jugend; aber das ist nicht richtig. In dieser hitzigen und erregbaren Periode erhalten wir bloß den Anstoß, der uns auf unserer künftigen Bahn vorwärts treibt; die Ideale enthüllen sich uns, denen wir dann unser ganzes Leben lang nachstreben, ohne sie je zu erreichen. Aber diese bloßen Idealbilder sind, verglichen mit dem beharrlichen Bemühen nach solchem Ziel, von geringer Bedeutung; es ist erfolglos, mit unverwandtem Blick nach einem verheißenen Lande auszuschauen, das uns ein entschlossenes und stetiges Wandern über steile Berge und durch dunkle Täler nicht gleichzeitig näherbringt. In der Jugend, solange wir elastisch sind, erhalten wir den Anstoß auf den richtigen Weg; aber es ist unsinnig, diesen Wert dem der vollbrachten Reise gleichzusetzen, dem Gehorsam, den wir dem ersten Antrieb unser Leben lang unverbrüchlich bewahrten. Herrliche Gegenden bekommen wir zu sehen, damit wir uns verlockt fühlen, dort zu wohnen, nicht, damit wir einfach sagen können: wir haben sie gesehen.

(Tagebücher)

*

Von dem, der uns Ereignisse berichten will, dürfen wir verlangen, daß er auf beiden Füßen vor ihnen gestanden und nicht bloß vorübergegangen sei; die Ereignisse können also nicht häuslich genug sein. Der Mann ist als Dichter, als Beobachter, als Nachbar sich und den anderen am wertvollsten, der der zufriedenste ist und zu Hause lebt. Da ist sein Leben am intensivsten, da vergeudet er die wenigsten Augenblicke. Die vertrauten Gegenstände der nächsten Umgebung bieten sich als die tauglichsten Symbole und Erläuterungen seines Lebens. Wenn sich ein Mann, der tiefe Erlebnisse hatte, bemühte, sie in einem Reisebericht niederzulegen, so hieße das die Sprache eines Nomadenstammes statt einer Weltsprache gebrauchen. Der Dichter hat seine kräftigsten Wurzeln in den Boden der Heimat geschlagen, und niemand ist schwieriger zu versetzen als er.

(Tagebücher)

*

Wir sollten keine Mühe darauf verwenden, unsere Gedanken kühl zu analysieren, sondern einfach versuchen, sie in einem Zug, parallel zu ihrem Ablauf, möglichst genau niederzuschreiben. Der innere Antrieb bleibt ja doch der beste Sprachkünstler, und seine Logik wird nicht verfehlen die allerüberzeugendste zu sein, obwohl sie mit den Aristotelischen

Regeln nicht in Einklang zu bringen ist. Je näher wir an eine erschöpfende aber ungesuchte Niederschrift unserer Gedanken gelangen, um so genießbarer wird die Sache sein; denn unsere Passivität oder unwillkürliche Tätigkeit ist ein Zustand, auf dessen Höhe wir uns halten können. Wir können aber schwerlich auf die Dauer mit unseren Anstrengungen rechnen, am allerwenigsten mit unseren besonderen Anstrengungen.

(Tagebücher)

*

Ich möchte gerne jedesmal zwei Berichte in mein Tagebuch eintragen: zuerst die Vorfälle und Beobachtungen von heute, und am folgenden Tage nochmals darauf zurückkommen und verzeichnen, was vorher vernachlässigt worden war und häufig das bedeutsamste und poetischste gewesen ist. Im ersten Augenblick weiß ich nicht, was mich entzückte. Menschen und Dinge von heute pflegen in der Erinnerung von morgen hübscher und wahrer zu sein.

(Tagebücher)

*

Wie kommt es, daß ein Ereignis im Augenblick seiner Gegenwärtigkeit meistens nur mit dem Alltagssinn und -verstand erfaßt wird? Daß es kahl und dürftig ist, so ganz ohne Glorie, ohne den blauen Schmelz dazwischentretender Luft? Laß es aber vergangen oder zukünftig sein und mit einem Schlag ist es idealisiert. Der Mensch wird im Tode vergeistigt, ein Ereignis in der Erinnerung idealisiert. Es ist gereift und von einem zarten Hauch überzogen. Der Verstand hat nicht mehr allein Besitz davon, sondern auch die Phantasie, die zu ihrer Entfaltung ein weites Feld verlangt. Der Dichter hat die Gabe, die Dinge in diesem Sinne als vergangen und künftig, als ferne und allbedeutsam zu sehen.

(Tagebücher)

*

Jede Gelegenheit den Stil zu verbessern sollte man ergreifen, als wäre sie die letzte.

(Tagebücher)

*

Gut schreiben, genau so wie gut handeln, heißt dem Gewissen gehorchen. Kein Körnchen Absicht oder Laune darf beigemengt sein. Wenn wir zu lauschen verstehen, so werden wir hören. Wenn wir mit Andacht

143

der inneren Stimme lauschen – vielleicht schwingen wir uns wieder auf die Höhen der Menschheit empor.

(Tagebücher)

*

Die Herren von der Literatur, die Herausgeber und die Kritiker glauben, daß sie schreiben können, weil sie Grammatik und Rhetorik studiert haben; aber sie sind gewaltig im Irrtum. Was Kunst ist in einer Komposition, ist so einfach wie das Abschießen einer Kugel aus der Flinte, und ein Meisterwerk hat eine unendlich größere Kraft hinter sich. Das eine große Gesetz der Komposition lautet – und wäre ich Professor der Rhetorik, ich würde darauf besonderen Nachdruck legen –: die Wahrheit sprechen. Die Wahrheit, erstens, zweitens und drittens; mag einer Kieselsteine im Munde haben oder nicht.

(Vermischte Schriften)

*

Der Künstler muß mit Gelassenheit arbeiten; zu viel Teilnahme verdirbt das Werk.

(Tagebücher)

*

Die Wichtigkeit des Themas wird meistens übertrieben; das eine wird für bedeutend gehalten, das andere für unbedeutend. Aber das Thema bedeutet nichts, das Leben alles. Nur die Tiefe und Gewalt des hervordrängenden Lebens fesselt den Leser. Unseren Gegenstand berühren wir mit einem ausdehnungslosen Punkt, aber die Pyramide unseres Erlebens, unser Interesse daran, ruht auf uns mit breiterer oder engerer Basis. Das will sagen: der Mensch ist alles in allem, die Natur ist nichts, wo sie nicht ihn vor Augen führt oder widerspiegelt.

(Tagebücher)

*

Die Gabe sich gut auszudrücken ist sehr gefährlich – die Gabe, das Herz des Lebens mit einem Griff herauszureißen, wie die Indianer einen Skalp abziehen. Ich habe die Empfindung, als wäre mein Leben äußerlicher geworden, wenn ich imstande war es auszudrücken.

(Eine Woche)

*

Die Sprache des Dichters läßt sich nicht analysieren. Sein Satz ist ein Wort, dessen Silben Worte sind. Worte, die durchaus würdig wären, von seiner Musik getragen zu werden, gibt es tatsächlich nicht. Aber was schadet's, die Worte nicht immer zu erfassen, wenn wir nur die Musik hören?

(Eine Woche)

*

Wenn du sagen kannst, was du nie hören wirst, wenn du schreiben kannst, was du nie lesen wirst, dann hast du seltene Dinge vollbracht.

(Eine Woche)

*

Ein Mann von Genie kann zugleich ein Künstler sein und ist es wohl auch in der Regel; aber die beiden dürfen nicht verwechselt werden. Der Mann von Genie ist für das Menschengeschlecht ein Neuerer, ein Gottbegeisterter oder ein Dämon, der, noch unbekannten Gesetzen gehorchend, ein Werk von Vollendung schafft. Künstler ist jener, der dadurch, daß er die Werke des Genies im Menschen und in der Natur beobachtet, das Gesetz entdeckt und anwendet. Der Kunstfertige wendet nur Gesetze an, die andere entdeckten. Ein Genie im reinsten Sinn hat es nie

gegeben, wie auch noch keinen, der des Genies völlig
bar gewesen wäre.

(Eine Woche)

*

Wie wunderbar beschaffen ist der Künstler, seine
Selbsterziehung gerade durch die völlige Hingabe
an seine Kunst zu erlangen! Der Holzsäger, der sich
bemüht, seine Arbeit gut zu verrichten, wird nicht nur
ein besserer Holzsäger, er wird in demselben Maße
auch ein besserer Mensch.

(Briefe)

*

Die Reize eines flüssigen Stils werden heutzutage
genug besprochen. Man bekommt über manches
geniale Werk die Klage zu hören: schöne Gedanken
seien wohl darin, aber ohne Stetigkeit und ohne
Fluß. Man sollte sich jedoch gegenwärtig halten,
daß der Gedankenablauf mit einer Flutwoge mehr
Ähnlichkeit hat, als mit dem Gefälle eines Flusses;
denn er ist das Resultat einer Kraft vom Himmel und
wird nicht durch irgendwelche Abschüssigkeit in der
Bahn hervorgerufen. Ein Leser, der für die ganze
Reise eine sanfte Talfahrt erwartet hatte, wird sich
freilich über das greuliche Stampfen und Schlingern

beschweren, wenn sein schwaches Küstenfahrzeug in die Sturzwellen des Ozeans hineingerät, der so gewaltig gegen Sonne und Mond aufflutet und so gar nicht hinfließt.

(Eine Woche)

*

Mythologie ist gewissermaßen nichts anderes als die älteste Geschichte und Biographie. Sie ist weit davon entfernt, unwahr zu sein oder erdichtet in gewöhnlichem Sinne; sie enthält vielmehr nur bleibende und wesentliche Wahrheit und übergeht alles Ich und Du, Hier und Dort, Jetzt und Damals. Nur der Lauf der Zeit oder seltene Weisheit ist imstande sie zu schreiben. Vor der Erfindung der Buchdruckerkunst war ein Jahrhundert gleich tausend Jahren. Wer heutigentags ein Stück echter Mythologie schreiben kann, ohne der Nachwelt als Hilfe zu bedürfen, der ist ein Dichter.

(Eine Woche)

*

Im Mythus waltet eine überirdische Intelligenz, die die unbewußten Gedanken und Träume der Menschen als Hieroglyphen gebraucht, um zur ungeborenen Nachwelt zu reden. In der Geschichte des menschlichen Geistes gehen diese in Rot und Gold erglühenden Fabeln den Mittagsgedanken der Menschheit voran, wie Aurora den Strahlen der Sonne. Der morgendliche Geist des Dichters, der Vorbote des Lichts der Philosophie, wohnt immer in diesem Frührot.

(Eine Woche)

*

Das, was das Publikum liest, ist nicht das eigentliche Gedicht. Es gibt immer noch ein anderes, das gleichzeitig entsteht, aber nicht auf Papier gedruckt, sondern unauslöschlich in das Leben des Dichters eingegraben wird. Es ist das, was er durch sein Werk wurde. Welchen Ausdruck ein Gedanke im Stein, auf der Leinwand oder auf dem Papier findet, darum handelt es sich nicht; wohl aber darum, inwieweit er in dem Leben des Künstlers Gestalt und Sprache gewann. Das wahrste Werk des Künstlers steht in keines Fürsten Halle.

(Eine Woche)

*

Ein echtes Gedicht zeichnet sich nicht so sehr durch einen glücklichen Ausdruck oder durch die Gedanken aus, die es anregt, als vielmehr durch die

Atmosphäre, von der es umflutet ist. Die meisten Dichtungen haben bloß schöne Umrißlinien und die auffallende Gestalt und Haltung eines Fremden. Aber echte Verse kommen ganz unmerklich auf uns zu, wie der Atem des lebendigen Wohlwollens, und hüllen uns in ihren Geist und Duft. Vieles in unserer Literatur hat die vorzüglichsten Manieren, aber keinen Charakter.

(Eine Woche)

*

Kunstlosigkeit ist die Grundbedingung aller Kunst.

(Tagebücher)

*

Der Dichter singt, wie das Blut durch seine Adern rollt. Er verrichtet seine Funktion auf so natürliche Weise, daß er um zu singen keines anderen Anreizes bedarf, als eine Pflanze um Blüten und Blätter zu treiben. Sein Singen ist eine selbstverständliche Funktion wie das Atmen, eine Gesamtwirkung wie die Schwere, und sein Bemühen die ferne, flüchtige Melodie, die er zuweilen hört, in eine andere Tonart überzuleiten, wäre ganz vergeblich. Dichten ist nicht ein Oberschäumen des Lebens, sondern eher der Niederschlag, der unter den Füßen des Dichters hervorgeholt wird.

Homer sagt: die Sonne sinkt, und das genügt. Er ist gelassen, wie die Natur; die Begeisterung des Sängers läßt sich schwerlich entdecken. Es ist nicht anders, als spräche die Natur.

(Eine Woche)

*

Große Kunstwerke haben endlose Muße zum Hintergrund, wie das Universum Raum hat. Die Zeit steht still, während sie geboren werden. Der Künstler kennt keine Eile. Die Erde bewegt sich mit unfaßbarer Schnelligkeit um die Sonne, und doch gerät der Spiegel des Sees nicht in Schwanken. Nicht durch Kompromisse, nicht durch demütige und schwächliche Reue können wir unsere Seele erretten und endlich zu unserem Leben gelangen; wir müssen uns die freie Bahn erobern und Reue & Co. unbeachtet lassen, diese gutmütige aber kraftlose Firma, die die Schulden einer alten und wertlosen übernahm. Der Kampf spielt sich auf einem Gebiet ab, wo keine Nachsicht geübt wird und wo niemand vor einarmigen Rittern höflich knixt. Man erwartet, daß wir unsere Pflicht erfüllen, nicht im Widerstand gegen alle Dinge bis auf eines, sondern im Widerstand gegen alle Dinge.

(Tagebücher)

*

Die erhabenste Weisheit in Büchern hat zweifellos entweder Reim oder Rhythmus; sie ist Poesie, der Form wie dem Inhalte nach. Hätte ich die Quintessenz menschlicher Weisheit in einem Bande zusammenzutragen, ich würde keine einzige Zeile aufnehmen, die ohne Rhythmus wäre.

(Tagebücher)

*

Die Poesie ist der Mystizismus der Menschheit.

(Eine Woche)

*

Poesie enthält die ganze Wahrheit; Philosophie drückt nur einen Teil von ihr aus.

(Tagebücher)

*

Goethes Leben und Erziehung waren durchaus die eines Künstlers. Ihm fehlt das Unbewußte des Dichters. In seiner Selbstbiographie beschreibt er genauestens das Leben des Verfassers von »Wilhelm Meister«. Denn, wie dieses Buch eine Mischung von seltener und leuchtender Weisheit mit einer gewissen Kleinlichkeit, einer Übertreibung von Lappalien zeigt, so läßt auch seine Selbstbiographie erkennen, daß der Fehler seiner Erziehung in ihrer sozusagen rein künstlerischen Durchbildung gelegen war. Seine Kindheit war die eines Stadtkindes, dessen Spielzeug Bilder und Kunstwerke sind, dessen Wunderwelt das Theater bildet, festliche Umzüge und Krönungen. Wie sich der Knabe beim Einzug des Kaisers aufs gewissenhafteste in die Rangabstufungen vertieft und keinen Eindruck daraus unbeachtet läßt, so strebt der Mann nach einer passenden gesellschaftlichen Stellung, die seiner Auffassung von Achtbarkeit entsprechen konnte. Um vieles, das der wildaufwachsende Knabe genießt, wurde er betrogen. Er war in der Tat zu wohlerzogen, um durch und durch erzogen zu sein.

(Eine Woche)

*

Musik ist der Klang der Weltgesetze in ihrer Verkündigung.

(Eine Woche)

*

Als ich heute den »großen Ball« majestätisch dahin-
rollen sah, empfand ich Scham darüber, daß sich der
Mensch nicht ähnlich bewegen könne. Alle Würde
und Größe hat etwas von der wellenförmigen Bewe-
gung der Sphären. Sie ist das Geheimnis der Majestät
in dem wiegenden Gang des Elefanten, das Geheimnis
aller Grazie im Leben und in der Kunst. Die Linie der
Schönheit ist eine Kurve.

(Tagebücher)

*

Alle Schönheit macht den Eindruck, sich selbst zu
genügen.

(Tagebücher)

*

Die Farbe, der eigentliche Reichtum des Dichters,
ist so kostspielig, daß sich die meisten ans bloße
Zeichnen und Skizzieren halten und Männer der
Wissenschaft werden.

(Tagebücher)

*

Wir haben in den letzten Jahrhunderten von den
Fortschritten der Wissenschaft viel gehört. Ich möchte

behaupten, daß sich die praktischen Resultate der Wissenschaft allerdings angesammelt haben, daß jedoch eigentliches Wissen für die Nachwelt nicht aufgespeichert wurde. Denn Wissen läßt sich nur durch gleichzeitiges Erleben erwerben. Wissen wir, wovon uns nur berichtet wurde? Die Erfahrung der anderen können wir nur durch unsere eigene verstehen.

(Eine Woche)

*

Wissenschaft ist unmenschlich. Jedes Ding wird nichtssagend, sobald wir es durch ein Mikroskop betrachten. Man denke sich einmal Menschen und Pferde, Bäume und Vögel in tausendfacher Vergrößerung gesehen und beschrieben. Mit unseren neugierigen Instrumenten stören wir die Harmonie und das Gleichgewicht der Natur.

(Ausflüge)

*

Die alten Naturforscher besaßen ein so feines und liebevolles Gefühl für die Natur, daß sie bei den alltäglichsten Begebenheiten in Erstaunen geraten konnten. Das Leben war für sie ein unaufhörliches Wunder, und daher waren auch Gorgonen und fliegende Drachen keine unglaubhaften Dinge. Das größte und traurigste

Gebrechen ist nicht die Leichtgläubigkeit, sondern die Gewohnheit zu vergessen, daß unsere Wissenschaft Unwissen ist.

(Tagebücher)

*

Ein paar gute Anekdoten enthält unsere astronomische Wissenschaft, dazu einige imponierende Berechnungen von Größen und Distanzen, aber wenig oder nichts über die Sterne, sofern sie für den Menschen in Betracht kommen. Sie lehrt Land vermessen, ein Schiff führen, aber nicht das Leben steuern. Die Astrologie enthielt den Keim einer höheren Wahrheit. Es kommt wohl vor, daß die Sterne einem Fuhrknecht bedeutungsvollere und himmlischere Gebilde sind als dem Astronomen.

(Tagebücher)

*

Es gibt, wie wir wissen, eine Gesellschaft zur Verbreitung nützlicher Kenntnisse. Die Leute behaupten nämlich, Wissen sei Macht und dergleichen mehr. Mich dünkt, daß ein gleiches Bedürfnis nach einer Gesellschaft zur Verbreitung nützlicher Unwissenheit besteht, eines Wissens, das in höherem Sinne nützlich ist, und das ich das »schöne Wissen« nennen möchte.

Denn unser vielgerühmtes sogenanntes Wissen, was ist es anderes als die Einbildung etwas zu wissen, wodurch uns die Vorteile unserer tatsächlichen Unwissenheit geraubt werden? Was wir unser Wissen nennen, ist häufig unser positives Nichtwissen, unser Nichtwissen unser negatives Wissen. In langjähriger zäher und emsiger Zeitungslektüre – denn sind die wissenschaftlichen Bibliotheken etwas anderes als Stöße Zeitungpapier? – häuft der Mensch eine ungeheure Menge von Tatsachen auf und legt sie in seinem Gedächtnis nieder; wenn er aber in einem Frühlingsmoment seines Leben abseits in die weiten Gefilde des Denkens hineinschlendert, dann geht er sozusagen wie ein Pferd zur Weide und läßt sein Zaumzeug daheim im Stall. Der Gesellschaft zur Verbreitung nützlicher Kenntnisse möchte ich zuweilen zurufen: Geht zur Weide! Ihr habt lange genug Heu gefressen.

(Ausflüge)

*

Ein gutes Buch ist die Hand, die in die sonst stummen Saiten unsrer Laute greift. Das Interesse, das wir oft genug auf den geschriebenen und vergleichsweise leblosen Körper des Buches beziehen, gehört tatsächlich dem eigenen ungeschriebenen Nachhall in uns. Dieser Nachhall ist der allerunerläßlichste Teil eines jeden Buches. Das Streben des Autors sollte darauf gerichtet sein, einmal und mit erhobenem Ton sagen zu können: er sprach. Das ist das Höchste, was ein Bücherschreiber erreichen kann. Hat er sein Buch zu einem Damm gemacht, an dem die Wogen des Schweigens sich brechen, so ist es gelungen.

(Eine Woche)

Editorische Notiz

Die der Auswahl zugrundeliegenden Texte wurden für diese Ausgabe, wenn nötig, aus Gründen der besseren Lesbarkeit behutsam revidiert. Orthografische und grammatikalische Fehler wurden stillschweigend korrigiert.
Die Auswahl folgt den Ausgaben:

Henry Thoreau: Worte Thoreaus. Herausgeber und Vorwort: Gerhard Gutherz. J. C. C. Bruns Verlag Minden i. W.

Henry D. Thoreau: Walden. Deutsch von Emma Emmerich. Verlag Concord, München 1903.

Henry David Thoreau: Über die Pflicht zum Ungehorsam gegen den Staat. Übersetzt von David Adner.

Bibliografische Information der Deutschen Nationalbibliothek
Die Deutsche Nationalbibliothek verzeichnet diese Publikation in der Deutschen
Nationalbibliografie; detaillierte bibliografische Daten sind im Internet über
http://dnb.d-nb.de abrufbar.

2. Auflage 2022

© by S. Marix Verlag in der Verlagshaus Römerweg GmbH, Wiesbaden 2017
Lektorat & Redaktion: Anna Schloss, Wiesbaden
Umschlaggestaltung: Anja Carrà, Weimar & Karina Bertagnolli, Wiesbaden
Bildnachweis: © Christos Georghiou– stock.adobe.com
Satz und Bearbeitung: Medienservice Feiß, Burgwitz
Der Titel wurde in der Minion Pro gesetzt.
Gesamtherstellung: CPI books GmbH – Germany

ISBN: 978-3-7374-1053-3

Mehr über Ideen, Autoren und Programm des Verlags finden Sie auf
www.verlagshausroemerweg.de und in Ihrer Buchhandlung.